Éliane Poirot OCD

ELIJA
UND
ELISCHA
PROPHETEN DES KARMEL

Verlag Christliche Innerlichkeit
Wien

*Deutsche Ausgabe vorbereitet und übersetzt von
Friederike und Gerhard Kotyza*

Die Deutsche Bibliothek – CIP-Einheitsaufnahme

Poirot, Éliane:

ELIJA UND ELISCHA, PROPHETEN DES KARMEL / Éliane Poirot –
1. Aufl. – Wien: Verlag Christliche Innerlichkeit, 2012
ISBN 978-3-901797-40-8

Französische Originalausgabe:
Sœur Éliane Poirot, o.c.d.
Élie et Élisée prophètes du Carmel
Éditions du Carmel
Toulouse, 2007

1. Auflage November 2012
Verlag Christliche Innerlichkeit
1190 Wien, Silbergasse 35
www.ci-verlag.at

Bildnachweis: S. 17, 18, 66: Photo © D.R.;
S. 58: Photo © Presses de Taizé

Hersteller: THE BEST KUNSTVERLAG
4600 Wels, Einsteinstraße 28, Tel. 07242/52864
www.kirchenfuehrer.eu

ISBN 978-3-901797-40-8

Überblick

Vorwort 4

Karte mit den Orten, die das Leben Elijas und
Elischas betreffen 6

Kap. 1: In der Bibel 7

Kap. 2: In der Tradition der Väter 18

Kap. 3: In der karmelitanischen Tradition 37

Kap. 4: Aktualität der Propheten Elija und Elischa 58

Empfehlungen zu weiterer Lektüre 67

Titelseite: Die Propheten Elija und Elischa. Fresko am Eingang des Aufbahrungsraumes der Kirche von Sucevita (Moldawien), Ende des XVI. Jahrhunderts. Elija, mit Bart und weißen Haaren, trägt seinen Fellmantel und hält in der rechten Hand eine Rolle mit einer Aufschrift in Slawonisch: Elija sagt zu Elischa: Bleib hier, denn der Herr hat mich an den Jordan gesandt, *während Elischa, kahlköpfig, seine Rolle in der linken Hand hält:* Elischa sagt zu Elija: Möchten mir doch zwei Anteile deines Geistes zufallen! *Elija hält in seiner linken Hand seinen Hirtenstab, Zeichen seiner spirituellen Vaterschaft.*

ELIJA UND ELISCHA

Liebe Leserin, lieber Leser!

Die zwei Propheten Elija und Elischa gehören wohl zu den faszinierendsten Gestalten der Bibel und dieses Buch möchte Ihnen beide Persönlichkeiten auf leicht verständliche Weise näher bringen.

Die Begebenheiten um Elija füllen lediglich 6 Kapitel in den beiden Büchern der Könige des Alten Testamentes, aber das Ganze liest sich fast wie ein Roman – so spannend ist seine Geschichte!

Er tritt plötzlich als Prophet auf, ohne dass man genau wüsste, wer er sei. Es ist eine schwierige Zeit für das Volk, da der Übergang vom Mehrgötterglauben zum Glauben an den einen Gott noch nicht vollzogen wurde, und politisch geht es auch drunter und drüber. Elija tritt voller „Eifer für den Herrn" gegen Götzen und Missbräuche im eigenen Land auf, indem er Könige und Königinnen ermahnt, die Menschen ermutigt und zurechtweist, schließlich durch ein Gottesurteil auf dem Berg Karmel die „falschen Götter" entlarvt und die Baalspriester tötet …

Die biblische Erzählung ist aber keine bloße „James-Bond-Geschichte" aus dem VIII. Jahrhundert vor Christus, obwohl sie manchmal an Geheimagenten und Helden zeitgenössischer Literatur erinnert. Elija kennt nämlich neben der Kraft und dem vollen Einsatz auch Zeiten des Misserfolges und der (zum Teil erzwungenen) Hinwendung zur Innerlichkeit, in denen er ganz klein wird und sein Gehör für die Stimme Gottes sehr verfeinern muss, weil Bomben und Granaten offensichtlich nicht das Letzte sind! Elija hört schließlich die Stimme Gottes in einem *sanften, leisen Säuseln* und kann daher sein Leben erneut wagen, wie es in manchen modernen Arbeiten über den Umgang mit Schicksalsschlägen und Entmutigungen als Beispiel für heute dargestellt wird. Elija und sein Jünger bzw. Nachfolger Elischa verkörpern deswegen musterhaft das Zusammengehen von *Aktion* und *Kontemplation* in der jüdisch-christlichen Tradition. Im Laufe der Jahrhunderte bildete sich um sie – wie sonst bei kaum anderen Gestalten des Alten Testamentes – eine vielschichtige Tradition, im geistlichen so wie im profanen Bereich. Sie haben geistliche Bewegungen und einzelne Einsiedler inspiriert, aber genauso Romanschreiber, Künstler und Komponisten verschiedener Weltanschauungen.

Besonders für uns Karmeliten sind beide Gestalten von großer Bedeutung, da der Orden auf dem Berg Karmel im Heiligen Land selbst gegründet wurde und sich die ersten Mönche ausdrücklich durch das Vorbild der *Prophetenschule* um Elija und Elischa inspirieren ließen.

Der französischen Karmelitin Sr. Éliane Poirot OCD gelingt es mit diesem Werk, vor unseren Augen die facettenreichen Persönlichkeiten beider Propheten lebendig erscheinen zu lassen, indem sie ihre Darlegungen in reichem Maße aus der biblischen sowie den verschiedenen geistes- und kunstgeschichtlichen Traditionen um Elija und Elischa schöpft. Im Text wurde bewusst auf strenge Wissenschaftlichkeit bei Zitaten und Übersetzungen zu Gunsten einer flüssigeren Lesbarkeit verzichtet, sodass dieses Büchlein Ihnen, liebe Leserinnen und Leser, hoffentlich eine Ahnung der Lebendigkeit und Größe dieser vorchristlichen Gottessucher vermitteln wird. Ich wünsche Ihnen eine spannende und inspirierende Lektüre!

Roberto Maria Pirastu OCD, Karmelit

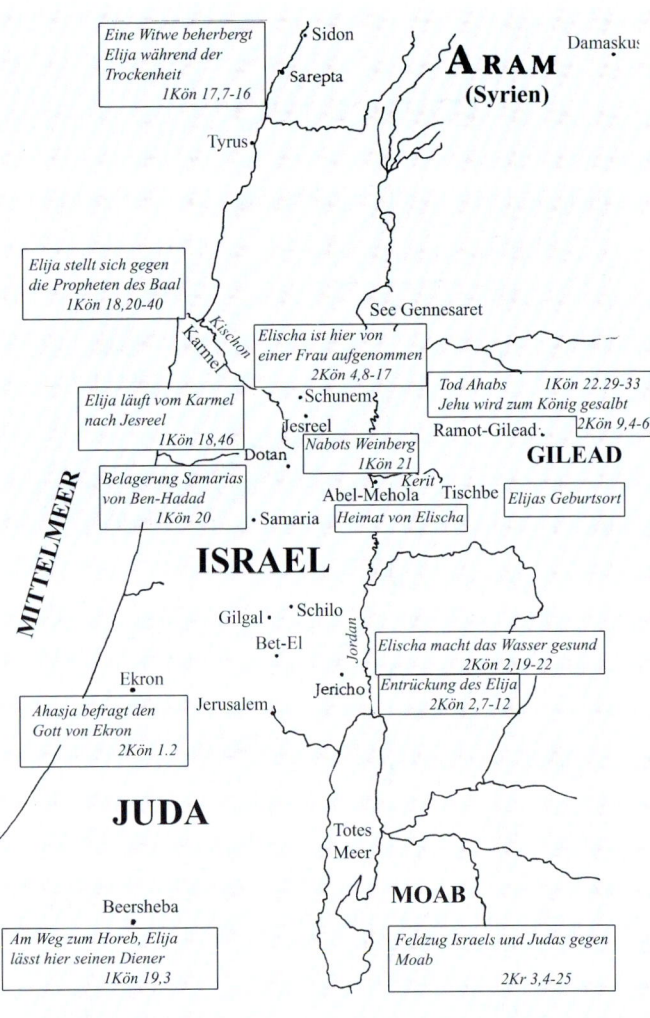

Wichtige Orte im Leben von Elija und Elischa

Kapitel 1

In der Bibel

Die Berufung Elischas

Elija und Elischa stellen grundlegende Gestalten der biblischen Geschichte dar. Das Wirken Elijas steht in Verbindung mit jenem des Elischa, seines Nachfolgers. Ihre großen Taten sind uns im ersten Buch der Könige, Kapitel 17, und im zweiten Buch der Könige, Kapitel 13, überliefert, aber sie scheinen auch in anderen Büchern der Bibel auf. Nach Moses, Abraham und David ist Elija die Gestalt des Alten Testamentes, welche am öftesten im Neuen Testament zitiert wird.

Das Auftreten Elijas

Elija erscheint plötzlich in 1 Kön 17,1. Er stammt aus Tischbe in Gilead, einer Gegend östlich des Jordan. Sein Name ist bezeichnend: Eli-Yahu, „mein Gott, das ist der Herr". Seine Tätigkeit übt er im Nordreich Israel im 9. Jahrhundert vor Christi Geburt unter der Herrschaft dreier Könige aus: Ahab, Sohn des Omri, Ahasja und Joram.

König Ahab nahm eine Prinzessin von Sidon, Isebel, zur Frau; mit der Heirat übernahm er ihren Glauben an fremde Götter und ging so weit, dass er in Samaria einen Altar zu Ehren des Gottes Baal errichten ließ. Ahab trägt Hiël von Bet-El auf, die Stadt Jericho wieder aufzubauen. Einst hatte sie der Prophet Josua zerstört und jene verflucht, die sie wieder aufbauen würden. Eine derartige Gotteslästerung reizt das Herz Elijas, der den einzig wahren Gott anfleht.

Elija am Bach Kerit (1 Kön 17,1-6)

Daher äußert er eine Weissagung, mit der er eine Trockenheit ankündigt: *So wahr der Herr, der Gott der Heere, der Gott Israels lebt, vor dem ich stehe: In diesen Jahren sollen weder Tau noch Regen fallen, es sei denn auf mein Wort hin.*

IN DER BIBEL

Geh weg von hier, wende dich nach Osten. Gesagt, getan. Im Zyklus Elijas kehrt wie ein Leitmotiv das Zeitwort *aufbrechen* wieder. Der Prophet setzt sich in Bewegung, unmittelbar gehorsam den göttlichen Weisungen. Der Herr schickt ihn also, sich am Bach Kerit zu verbergen: Dort wird er Wasser trinken können und Raben[1] werden ihm Nahrung bringen. Wie Israel in der Wüste, so wird Elija wunderbar vom Herrn versorgt.

Elija in Sarepta (1 Kön 17,8-24)

Mach dich auf und geh nach Sarepta, das zu Sidon gehört; ich habe dort einer Witwe befohlen, dich zu versorgen. Durstig geworden gehorcht Elija dem Befehl Gottes. Am Eingang zur Stadt trifft er eine arme Witwe, die er bittet, ihm zu trinken und zu essen zu geben. Der Gastfreundschaft der Frau antwortet Elija großzügig, indem er Mehl und Öl vermehrt. Er erweckt ihren Sohn zum Leben, als dieser erkrankt und stirbt. Die Frau bekennt daraufhin: *Jetzt weiß ich, dass du ein Mann Gottes bist und dass das Wort des Herrn wirklich in deinem Mund ist.* Im Evangelium lobt Jesus die Gastfreundschaft der Witwe von Sarepta, um zu zeigen, dass kein Prophet in seiner Heimat anerkannt wird (Lk 4,24-26).

Das Opfer auf dem Karmel (1 Kön 18,1-40)

Der Herr schickt seinen Propheten nach Samaria: *Geh und zeig dich dem Ahab! Ich will Regen auf die Erde senden.* Gesagt, getan. Unterwegs begegnet ihm Obadja, der Palast-

---

[1] Manche Autoren lesen statt Raben (ha'orbhîm) „Araber" (ha'arbîm).

vorsteher, welcher nach noch nicht versiegten Quellen sucht. Elija drängt ihn, sein Kommen dem König anzukündigen. Auf dem Berg Karmel ruft er den König mit seinen falschen Propheten und das Volk als Zeugen und Richter über den wahren Gott zusammen. *Man gebe uns zwei Stiere. Sie sollen sich einen auswählen, ihn zerteilen und auf das Holz legen, aber kein Feuer anzünden! Der Gott, der mit Feuer antwortet, ist der wahre Gott!* Die Anhänger des Baal leisten dem Befehl Folge, rufen ohne Unterlass den Namen ihres Götzen an, vom Morgen bis zum Mittag, führen voll Kraft Tänze und grausame Riten aus; nach ihrem Brauch ritzen sie sich nämlich mit Schwertern und Lanzen wund, bis das Blut an ihnen herabfließt, doch es kommt keine Antwort, nicht das geringste Zeichen von Baal. Nur das Lachen Elijas durchbricht ihre leere Erwartung: *Ruft lauter, euer Gott könnte verreist sein oder vielleicht schläft er!* Und als es Abend wird, stößt der Mann Gottes die Götzendiener mit der einen Hand zurück und fordert mit der anderen das Volk auf heranzutreten, damit alle sehen: Er nimmt zwölf Steine, um den zerstörten Altar Jahwes wieder aufzubauen, zieht rings um den Altar einen Graben, schichtet das Holz für das Opfer auf, zerteilt darauf den Stier und befiehlt den verblüfften Menschen, vier Krüge Wasser darüber zu gießen. So führen sie es aus: einmal, zweimal und ein drittes Mal. Im versammelten Volk hält jeder seinen Atem an. Elija stößt einen lauten Schrei zum Himmel aus: *Herr, Gott Abrahams, Isaaks und Israels, erhöre mich im Feuer!* Da fällt die Flamme des Herrn herab wie ein zerstörender Sturm und verzehrt das Brandopfer, das Holz, die Steine und das Wasser bis ins Innerste der Erde. Das Volk sieht und glaubt: Jahwe ist der einzig wahre Gott! Und die Propheten Baals werden getötet.

Das Ende der Trockenheit (1 Kön 18,41-46)

Elija steigt zur Höhe des Karmel empor, kauert sich auf den Boden nieder und legt seinen Kopf zwischen die Knie. Er schickt seinen Diener siebenmal, auf das Meer hinauszuschauen. *Beim siebenten Mal meldete sein Diener: Eine Wolke, klein wie eine Menschenhand, steigt aus dem Meer herauf.* Damit ist die Trockenheit zu Ende. Ahab bricht in Freudentränen[2] aus und fährt im Wagen bis nach Jesreel. Elija gürtet sich und läuft vor dem König her.

Die Flucht Elijas (1 Kön 19,1-8)

Isebel wird beim Bericht über das Massaker der Propheten Baals wütend. Vor ihren Drohungen flieht Elija und geht mit seinem Diener nach Beerscheba in Juda. Von dort setzt er seine Flucht in die Wüste allein fort; am Ende des Tages lässt er sich unter einem Baum nieder und besiegt bittet er seinen Gott: *Es ist genug, Herr. Nimm mein Leben, denn ich bin nicht besser als meine Väter!* Aber ein Engel kommt, berührt ihn und flüstert ihm zu: *Steh auf und iss!* Sogleich erhebt er sich und bemerkt neben seinem Kopf Brot und einen Krug Wasser; er isst und trinkt, legt sich aber wieder nieder. Der Engel lädt ihn von neuem ein, sich zu stärken. Gesagt, getan. Elija macht sich auf den Weg und am Ende von vierzig Tagen und vierzig Nächten erreicht er den Gottesberg Horeb.

---

[2] Nach dem Text der Septuaginta, kommentiert durch die Kirchenväter (z.B. Johannes von Damaskus).

ELIJA UND ELISCHA

Die Gotteserscheinung am Berg Horeb
(1 Kön 19,9-18)

Dort begibt er sich in eine Höhle und vernimmt die Stimme Gottes: *Was willst du hier, Elija? – Mit leidenschaftlichem Eifer bin ich für den Herrn eingetreten, ich allein bin übrig geblieben und nun trachten sie mir nach dem Leben.* Ein starker, heftiger Sturm erhebt sich und tobt, die Erde wird erschüttert und wankt, ein Feuer färbt den Himmel glutrot. Doch Gott ist nicht im Sturm, nicht im Erdbeben, nicht im Feuer, sondern in einem sanften, leisen Säuseln[3]. Erneut ruft er den Propheten: *Was willst du hier, Elija?* (1 Kön 19,13) Elija beteuert nun laut seine Leidenschaft für den Herrn, der ihn den Weg durch die Wüste zurückschickt, um Hasaël und Jehu zu Königen und Elischa zum Propheten an seiner Stelle zu salben. Die Salbung mit Öl war ein Weiheritus für Könige und Priester. Für Propheten bezeichnet sie bildlich ihre Einsetzung.

Die Berufung Elischas (1 Kön 19,19-21)

Elija geht also vom Horeb wieder weg und trifft Elischa, wie er gerade mit den Rindern pflügt. Er wirft seinen Fellmantel über ihn. Sogleich verlässt Elischa seine Rinder, er eilt Elija nach und bittet ihn, von den Seinen Abschied nehmen zu dürfen. *Dann stand Elischa auf, folgte Elija und trat in seinen Dienst.* In der Nähe des Meisters ist er damit betraut, ihm *Wasser über die Hände zu gießen.*

---

[3] Wörtlich: eine Stimme sanften Schweigens. Während Baal der Gott des Gewitters ist, umgibt Stille das Kommen des Herrn.

Nabots Weinberg (1 Kön 21)

Ahab möchte gerne den Weinberg Nabots besitzen, um ihn zum Gemüsegarten zu machen. Da der Bauer dies verweigert, lässt die listige und hinterhältige Isebel Klage mit falschen Zeugenaussagen gegen Nabot erheben, worauf das Volk ihn ohne weiteren Prozess steinigt. An Elija ergeht das Wort des Herrn, Ahab zurechtzuweisen. Der König erkennt seine Ungerechtigkeit und bereut. Ein tödlicher Pfeil wird ihn im Kampf gegen die Aramäer treffen, nach einer Herrschaft von zweiundzwanzig Jahren in Samarien. Ahasja, sein ältester Sohn, folgt ihm als König.

Elija und Ahasja (2 Kön 1)

Der König Ahasja ist nach einem Sturz verletzt. Er möchte sich über den Ausgang seines Leidens informieren und sendet Boten zu Beelzebul, seinem Götzen. Ein Engel wendet sich an Elija, um den Boten den Tod des Königs anzukündigen. Dreimal hintereinander sendet der König einen Hauptmann mit seinen fünfzig Leuten zu Elija. Auf das Wort des Propheten hin fällt Feuer vom Himmel auf die beiden ersten Hauptmänner und ihre fünfzig Leute und verzehrt sie. Als der dritte bei Elija ankommt, vor ihm niederkniet und ihn anfleht, sein Leben und das der fünfzig Knechte zu achten, geht der Prophet auf seine Bitte ein, da ihm ein Engel gesagt hat: *Geh mit ihm hinab und fürchte dich nicht vor ihm.* Also erklärt Elija dem König: *Du wirst von dem Lager, auf das du dich gelegt hast, nicht mehr aufstehen.* So stirbt der König nach dem Wort des Herrn, das Elija verkündet hat. Da er ohne Nachkommenschaft geblieben ist, hinterlässt er den Thron seinem Bruder Joram.

ELIJA UND ELISCHA

Die Entrückung Elijas (2 Kön 2,1-13)

Elija und Elischa machen sich gemeinsam auf den Weg, nachdem sie Gilgal verlassen haben. Der Schüler weigert sich, seinen Meister allein nach Bet-El gehen zu lassen: *So wahr der Herr lebt und so wahr du lebst. Ich verlasse dich nicht.* Er ahnt, dass Elijas Aufbruch unmittelbar bevorsteht. Den Prophetenjüngern von Bet-El, die ihm mit lauter Stimme ankündigten, was er im Innersten erfasste, hat Elischa nur trocken geantwortet: *Auch ich weiß es. Seid still! Elija aber bat ihn: Bleib hier, Elischa; denn der Herr hat mich nach Jericho gesandt.* Elischa folgt Elija auf den Fersen bis Jericho, wo andere Propheten ihre nahe Trennung bestätigen. Beide erreichen das Ufer des Jordan. Hier nimmt Elija seinen Fellmantel, rollt ihn zusammen und schlägt damit auf das Wasser. Dieses teilt sich und sie schreiten trockenen Fußes hinüber. Elija bittet seinen Schüler, einen Wunsch auszusprechen. Elischa antwortet: *Mögen mir doch zwei Anteile deines Geistes zufallen!* Elija nennt ihm das Zeichen der Erhörung seiner Bitte: *Wenn du siehst, wie ich von dir weggenommen werde, wird es dir zuteil werden.* Während sie miteinander reden, erscheint ein feuriger Wagen am Himmel und trennt die beiden voneinander. Elischa erlebt, wie Elija lebendig in einem Wirbelsturm in die himmlischen Wohnungen emporgetragen wird. Allein zurückgeblieben klagt er laut: *Mein Vater, mein Vater, Wagen Israels und sein Lenker!* Zum Ausdruck der Trauer und von Schmerz verzehrt zerreißt er seine Kleider und hebt den Mantel auf, den sein Meister soeben auf ihn herabgeworfen hat. Er kehrt um an das Ufer des Jordan, vollzieht die Geste Elijas und überquert so trockenen Fußes den Fluss. So beginnt der Zyklus des Elischa.

IN DER BIBEL

Die Rückkehr Elijas

Nachdem er den Blicken der Menschen entzogen und ins himmlische Feuer erhoben ist, ist Elijas Sendung noch nicht vollendet.

Maleachi verkündet, Elija werde auf die Erde wiederkommen, um den Weg für den Messias zu bereiten, indem er die Menschen einladen werde, sich zu versöhnen, die Väter, sich den Söhnen wieder zuzuwenden, und die Söhne ihren Vätern (Mal 3,22-23).

Joram, König von Juda, der den Thron von Juda nach der Entrückung Elijas eingenommen hat, erhält einen Brief des Propheten, in dem ihm sein schlechtes Verhalten vorgeworfen und angekündigt wird, der Herr werde sein Volk und seine Familie schlagen und er selbst werde mit schweren, zu seinem Tod führenden Krankheiten heimgesucht werden (2 Chr 21,12-15).

In den Evangelien ist Elija zusammen mit Moses bei der Verklärung Christi anwesend. Er vertritt also alle Propheten. Die Frage, ob Elija in der Person Johannes des Täufers gekommen ist oder noch kommen muss, wird gestellt.

Der Brief des Jakobus führt Elija als Beispiel der Fürbitte durch das Gebet an: *Elija war ein Mensch wie wir; er betete inständig, es solle nicht regnen, und es regnete drei Jahre und sechs Monate nicht auf der Erde. Und er betete wieder, da gab der Himmel Regen und die Erde brachte ihre Früchte hervor* (Jak 5,17-18).

Die meisten erkennen ihn in einem der zwei Zeugen der Offenbarung des Johannes (Offb 11, 3-12). In seinem *Kommentar zur Apokalypse* erwähnt Victorin, Bischof von Pettau (Ptuj, in Slowenien, †304), in Bezug auf die zwei Zeugen in Offb 11,3, dass *viele denken, Elija werde von Elischa begleitet*.

ELIJA UND ELISCHA

Der Geist Elijas lebt in seinem Schüler Elischa weiter (2 Kön 2,14-13,20)

Elischa hat den Geist Elijas erhalten. Seit dessen Weggang zeigen Wunder, dass Elischa mit großer Macht ausgestattet ist. Wie Elija teilt er mit dem Mantel, den er bei dessen Entrückung bekommen hat, die Wasser des Jordan. Er macht das Wasser von Jericho gesund, indem er Salz in die Quelle schüttet. Er verflucht eine Schar von jungen Burschen, die ihn verspotten, 42 von ihnen werden sofort von zwei Bären zerrissen. Er bewirkt, dass Wasser die Wüste überflutet. Er kündigt einer Witwe die Vermehrung des Öls an, der Schunemiterin die wunderbare Geburt eines Sohnes. Er macht eine vergiftete Suppe genießbar, indem er Mehl hineinstreut. Er vermehrt das Brot, heilt den aussätzigen Naaman, kündigt Gehasi an, aufgrund seiner Habgier werde er den Aussatz von seinem Meister erben. Er lässt die eiserne Klinge einer Hacke im Jordan wieder an die Wasseroberfläche gelangen. Er vermittelt in der politischen Szene. Er tritt in der Armee Jorams auf; er berät den König von Israel im Krieg mit Syrien. Als Gegner der Dynastie Ahabs spielt er eine Rolle bei der Thronbesteigung Jehus (841). Sein Einfluss wächst unter diesem König und dessen Nachfolger Joahas. Er stirbt in der Regierungszeit des Joasch, am Anfang des achten Jahrhunderts.

Nach seinem Tod wirkt er ein letztes Wunder: Seine Gebeine bringen einem Toten wieder das Leben.

In seinem *Lob der Väter Israels* nimmt Jesus Sirach eine Notiz über Elija und eine über Elischa auf. Er unterstreicht die Wortgewalt Elijas, lobt seinen Eifer und stellt ihn als einen Propheten von Feuer dar: *Da stand ein Prophet auf wie Feuer, seine Worte waren wie ein brennender Ofen* (Sir 48,1).

IN DER BIBEL

Elischa *wurde mit seinem Geist erfüllt. (...) In seinem Leben vollbrachte er Wunder und bei seinem Tod erstaunliche Taten* (Sir 48,12.14).

Der Prophet Elija (im Habit der Karmeliten) und die Witwe von Sarepta
Brügge, Kommunal Museum – XVI. Jh.

Kapitel 2

In der Tradition der Väter

Der Prophet Elias, mit Szenen aus seinem Leben
Russische Ikone (Ende XIII. bis Anfang XIV. Jh.)
Tretjakow-Galerie, Moskau

Die Kirchenväter haben das Wort Gottes lange meditiert und die großen Taten Elijas und Elischas kommentiert, oft gestützt auf jüdische Traditionen. Die alte christliche Literatur wimmelt von Anspielungen auf die beiden Propheten: Sie weist mehr als dreitausend Bezüge auf den Mann aus Tischbe auf und ungefähr eine Million auf seinen Schüler.

Geburt Elijas und Elischas

In der Bibel taucht Elija ganz unvermittelt ohne Angabe über seine Familie und sein gesellschaftliches Umfeld auf. Ein Werk, das aus dem 1. Jahrhundert unserer Zeitrechnung stammen könnte, das *Leben der Propheten*, gleicht dieses Schweigen aus. Es ist eine Sammlung von Aufzeichnungen über die Geburt, das Leben und das Sterben der Propheten. Die Geburt Elijas war – so wird darin berichtet – ebenso von Wundern umgeben wie die des Elischa. Die Aufzeichnung über Elija erwähnt seine Zugehörigkeit zum Stamm Aaron, was seine priesterliche Tätigkeit bedeutet.

Als Elija zur Welt kam, traten flammende Menschen auf, das Kind zu begrüßen; sie hüllten es in Windeln von Feuer und reichten ihm glühend heiße Nahrung. Bei diesen Zeichen begab sich sein Vater Schafat nach Jerusalem, um die Priester davon zu informieren, worauf diese ihm antworteten: „Sei ohne Furcht, denn die Behausung deines Sohnes wird Licht sein, sein Eifer wird dem Herrn gefallen und sein Gebot wird ein sicheres Urteil sein."

Als Elischa in Gilgal geboren wurde, stieß das goldene Kalb ein so lautes Muhen aus, dass es bis Jerusalem zu hören war. Ein Priester sagte daher voraus, Elischa werde die Götzen zerstören.

Diese Angaben sind in einigen orientalischen Texten wiederzufinden und vor allem in den orientalischen Liturgien sowie in den karmelitanischen Texten des Mittelalters (Jean de Cheminot, Jean de Venette, John Baconthorpe, Johannes von Hildesheim).

Die Menschenliebe Gottes gegenüber der Unnachgiebigkeit Elijas bei den griechischen und syrischen Vätern

Die Kommentare der Väter zu den Erlebnissen Elijas am Bach Kerit und in Sarepta (1 Kön 17) folgen mehreren Interpretationslinien, historisch oder spirituell.

Nach einer historischen Perspektive, jüdischen Traditionen folgend, deuten griechische und syrische Väter (Gregor von Nyssa, Isidor von Pelusium, Basilius von Seleucia, Romanos der Melode, Ephraim von Syrien, die Verfasser der Texte von Pseudo-Chrysostomus, Pseudo-Ephraim oder von anonymen Texten) die Trockenheit und die Episode von Sarepta als eine göttliche Pädagogik, um den eifernden Propheten die Barmherzigkeit zu lehren. Das Phänomen des Regens erklärten die Semiten durch die Vorstellung einer Art Falltür im Firmament, die mit einem Schlüssel zu öffnen und zu schließen war. Gott vertraut Elija diesen Schlüssel an und so kommen auf sein Wort hin Regen oder Trockenheit. Angesichts des herrschenden Götzendienstes verschließt Elija den Himmel durch einen Schwur, den der Herr trotz seines Mitleids für die Menschheit achtet. Die Trockenheit wird dem Volk in der Hoffnung auferlegt, dass die Hungersnot es dazu bringe, sich zu bekehren. Gott schickt Elija in das Tal von Kerit und lässt ihm Nahrung durch die Raben bringen. Die Väter stellen nun verschiedene Fragen. Wird sich Elija beruhigen, wenn er sieht, dass viele Gott die Treue gehalten haben, da sie es ja sind, von denen die ihm durch die Raben gebrachte Nahrung kommt? Wird Elija, der das Gesetz achtet, eine solche Nahrung annehmen, da die Raben als unreine Vögel gelten (vgl. Lev 11,15; Dtn 14,14)? Wie wird Elija Fleisch essen können, er, der enthaltsam lebt? Wird der Prophet angesichts der Güte der Raben, die sogar ihre eigenen Jungen hassen, das Erbarmen lernen?

> ••• *Wisse, dass die Quelle der Güte, welche die gerechte Empörung des Propheten gegen die Juden zurückschlagen will – er hatte die Hungersnot kommen lassen, um ihre Übersättigung, die Quelle der Maßlosigkeit, zu vermindern –, es so eingerichtet hat, dass er von einem Raben, einem Vogel, der seine Kinder hasst, ernährt wird. Das ist fast, wie wenn Gott Elija beraten hätte, keine exzessive Empörung zu hegen und sich nicht unmenschlicher zu zeigen als dieser Vogel, der seine Kinder hasst* (Isidor von Pelusium, Brief 1597). •••

Dann schickt Gott ihn nach Sarepta, auf einen langen Weg, um ihm Gelegenheit zu bieten, vom Mitleid berührt zu werden, wenn er die vernichtenden Folgen der Trockenheit sieht. Wird der Prophet es wagen, eine Witwe in dem Elend um Essen zu bitten? Auf gut Jüdisch, wird er die Speise einer Heidin annehmen?

> ••• *Gott wählt eine arme und vor allem heidnische Witwe, damit er durch die Armut berührt werde oder sich mit Verachtung von der Nahrung der Heidin abwende und schließlich sich selbst zum Trotz Menschenfreund werde und die verhängten Wolken in Stille löse* (Basilius von Seleucia, Homilie über den Propheten Elija). •••

Angesichts des Schmerzes der Witwe, die ihm den Tod ihres Sohnes vorwirft, erkennt Elija nun die Listen Gottes, um ihn zur Barmherzigkeit zu führen. Gott verfügt über zwei andere Schlüssel, jenen der Geburten und jenen der Auferweckung der Toten. Für den Schlüssel, der dem Propheten erlauben wird, den Sohn der Witwe von Sarepta wieder zu erwecken, verlangt Gott von Elija jenen des Regens. Dieser ist einverstanden und kann so den Sohn der Frau, die ihn aufgenommen hat, dem Leben zurückgeben.

••• *Elija unterwarf seinen Geist und sein Herz den Worten des Allerhöchsten, und ebenso seine Ohren. Er ließ seine Seele niederknien, was seine Antwort schöner machte. Er sagte: „Dein Wille geschehe, Meister; gewähre zugleich den Regen und dem, der gestorben ist, das Leben"* (Romanos der Melode, Hymnus über den Propheten Elija). •••

Diese Interpretation ist den lateinischen Vätern fremd, aber sie scheint im Katechismus der Katholischen Kirche von 1992 auf:

••• *Nachdem Elija an seinem Zufluchtsort am Bach Kerit Barmherzigkeit erfahren hat, lehrt er die Witwe von Sarepta, an das Wort Gottes zu glauben. Er bestärkt diesen Glauben durch sein inständiges Gebet: Gott lässt das Leben in den Sohn der Witwe zurückkehren* (§ 2583). •••

Die Taufauslegung und die spirituelle Auslegung des Opfers auf dem Karmel

Die Väter Kappadokiens des 4. Jahrhunderts (Basilius von Caesarea, Gregor von Nazianz und Gregor von Nyssa) und nach ihnen Ambrosius von Mailand und Chromatius von Aquileia deuten das Opfer auf dem Karmel als Taufe. Das Wasser, das über den Altar gegossen wird, erinnert an das Wasser der Taufe, das Feuer, das auf den Opferaltar fällt, ist Symbol für den Heiligen Geist, der reinigt und erleuchtet, das Opfer gewährt die Absage an das Böse. In einer Rede zum Fest der Taufe Jesu entwickelt Gregor von Nyssa diese Auslegung:

••• *Elija gab sich nicht damit zufrieden, durch sein Gebet das Feuer vom Himmel auf das trockene Holz herabzurufen, sondern befahl seinen Dienern, genügend Wasser herbeizubringen, er goss es dreimal über das vorbereitete Holz, er zog aus dem Wasser durch sein Gebet das Feuer, damit es das Brandopfer verbrenne. (…) Durch dieses staunenswerte Opfer hat Elija uns klar die Einrichtung und Einführung der Taufe vorausgesagt. Als zum dritten Mal Wasser darüber gegossen wurde, fiel das Feuer auf das Brandopfer, um zu zeigen, dass dort, wo sich das geistliche Wasser befindet, auch der Heilige Geist ist, der belebt und wie Feuer brennt, er verbrennt die Gottlosen und erleuchtet die Gläubigen.* •••

Eine andere Interpretation wird durch die Wüstenmönche gegeben (Antonius, der Pseudo-Macarius, Ammonius und Jesaja von der Sketis). Das Opfer auf dem Karmel gibt Anlass zu einer schönen Beschreibung des Gebetes: Nach dem Loslassen aller Gedanken fällt der Heilige Geist in das Herz herab, um es zu reinigen und ihm die Ruhe des Beistandes zu bringen, in Gestalt der Wolke, die Regen bringt:

> ••• *Nehmt den Körper, mit dem ihr bekleidet seid, und macht daraus einen Altar, legt auf diesen Altar eure Gedanken und gebt – unter den Augen des Herrn – jede schlechte Absicht auf, erhebt die Hände eures Herzens zu Gott – das ist es, was der Heilige Geist macht, wenn er am Werk ist – und bittet ihn, euch dieses schöne unsichtbare Feuer zu schenken, das vom Himmel auf euch herabfallen und den Altar mit den Opfergaben verzehren wird. Mögen die Priester des Baal, der Feind und ihre widrigen Werke, Angst bekommen und die Flucht vor euch wie vor dem Propheten Elija ergreifen. Dann werdet ihr über den Wassern – wie die Spur eines Menschen, der euch den spirituellen Schauer bringen wird – den Trost des Heiligen Geistes sehen* (Antonius, 4. Brief). •••

Die Gotteserscheinung am Horeb

Die Begegnung mit Gott am Horeb zieht die Aufmerksamkeit der Väter wenig auf sich, entsprechend ihrer Zurückhaltung gegenüber der Mystik; die Wüstenväter sprechen lieber über den Weg des Gebetes als über ihre spirituelle Erfahrung. Der syrische Dichter Jakobus von Sarug (449–521), Autor einer großen Zahl von Homilien in Versen, davon ein Dutzend über die Zyklen Elijas und Elischas, hat jedoch eine davon dieser Begebenheit gewidmet:

••• *Und der Herr begann, im Ton eines sanften Sprechens,*
Mit Elija freundschaftlich zu reden. (…)
Sie sind unaussprechlich, diese Worte, die hier vorkamen,
Und deshalb ist nicht „Worte" geschrieben, sondern ein
„Sprechen". •••

Am Ende der Epoche der Väter interpretieren Gregor der Große (ca. 540–604) im Abendland und Maximus der Bekenner (ca. 579–662) im Morgenland diese Episode anhand ihrer kontemplativen Erfahrung. Für Gregor den Großen ist alle Gnade der Kontemplation wie eine Vorwegnahme der endgültigen Ekstase, die der erwartete Tod schenken wird. Er besteht auf der Notwendigkeit, sich das Gesicht zu verhüllen, das heißt demütig zu bleiben:

••• *Als Elija die Stimme des Herrn vernahm, der zu ihm sprach, stand er am Eingang der Höhle und verhüllte sein Gesicht: Da die Stimme des höchsten Verstandes sich seiner Seele durch die Gnade der Kontemplation verständlich macht, ist der Mensch nicht mehr ganz im Inneren seiner Höhle, weil ihn die Sorge um das Fleisch nicht mehr in Anspruch nimmt; und er steht an der Tür, weil er die engen Grenzen der sterblichen Beschaffenheit zu verlassen erwägt.*
Aber jener, der an der Tür der Höhle steht und mit dem Ohr seines Herzens die Worte Gottes vernimmt, muss sich das Angesicht verhüllen: Wenn uns die Gnade von oben in viel höhere Einsichten führt, müssen wir, je köstlicher sie uns erhebt, uns selbst umso mehr in unserer Klugheit durch eine beständige Demut erniedrigen, indem wir nicht versuchen, weiser zu sein, als notwendig ist, sondern es mit Mäßigkeit zu sein, denn würden wir zu

> *sehr über die unsichtbaren Wirklichkeiten nachdenken, würden wir riskieren, irgendein körperliches Licht in einer unkörperlichen Natur zu suchen. Das Ohr neigen und sich das Gesicht verhüllen bedeutet, im Geiste die Stimme des Wesens im Inneren zu hören und gleichzeitig die Augen des Herzens von jeder körperlichen Form abzuwenden, aus Furcht, sich sonst vorzustellen, was an Materiellem in diesem Wesen sei, das ganz und gar vollkommen und ohne Grenzen ist* (Gregor der Große, Predigten über Ezechiel II,1,17-18). •••

Maximus vergleicht die Heilige Schrift mit der leichten Brise, die Elija am Berg Horeb wahrgenommen hat. Er greift die Unterscheidung auf zwischen *Praxis* („Aktion", das heißt Beachtung der Gebote Gottes, Askese) und *Theoria* („Kontemplation"), welche die Schriften der griechischen Väter durchzieht; der Horeb repräsentiert also die Aktion, wobei die Höhle der Ort und die Brise der Gegenstand (das Wort Gottes) der Kontemplation ist. Elija ist auf diese Weise das Urbild des „aktiven" und „kontemplativen" Mönchs.

> ••• *Das Wort der Heiligen Schrift ist gemäß den höchsten Gedanken – wenn es aus der Betrachtung der Wörter herausgelöst worden ist, die sich als fassbare Gestalt darüber gebildet haben – wie das Geräusch einer leichten Brise, das sich dem weiter blickenden Verstand offenbart. Weil er sich ganz der natürlichen Kräfte entledigt hat, hat dieser die bloße Schlichtheit bekommen können, die auf gewisse Weise auf das Wort Gottes hinweist, wie beim großen Elija, der in der Höhle des Horeb dieser Vision für würdig befunden wurde.*

> *Horeb bedeutet Brachland: Das ist der tugendhafte Zustand im neuen Geist der Gnade. Die Höhle, das ist der verborgene Ort der Weisheit gemäß dem Verstand, die Weisheit, in der jener, der empfängt, geheimnisvoll die Erkenntnis erfahren wird, welche die Sinne übersteigt, diese Erkenntnis, von der es heißt, dass sich Gott in ihr befindet. Wer auch immer, dem großen Elija folgend, wahrhaft Gott sucht, wird nicht nur den Horeb erreichen, das heißt im tugendhaften Zustand wie ein aktiver Mönch sein, sondern wird auch in der Höhle verweilen, die auf dem Horeb ist, das heißt als Kontemplativer am verborgenen Ort der Weisheit, welcher sich nur im tugendhaften Zustand findet* (Maximus, Zenturien über die Theologie und die Wirtschaft 2,74). •••

Die Entrückung Elijas

Zahlreiche Texte der Väter deuten den wunderbaren Fortgang Elijas und geben darüber eine wortgetreue, typologische oder spirituelle Erklärung ab.

Er ist Vorgeschmack auf die Auferstehung Christi oder seine Himmelfahrt, die Aufnahme der Gottesmutter in den Himmel oder sogar auf die Herabkunft des Heiligen Geistes auf die Apostel.

> ••• *Jener, der einst im Jubel auf einem feurigen Wagen emporgezogen wurde, der Prophet voll Eifer und Leidenschaft, stellte die strahlende Herabkunft des Geistes dar, der an diesem Tag vom Himmel auf die Apostel herabsteigt: Und von diesem Feuer brennend haben sie alle Menschen die Dreifaltigkeit erkennen lassen* (Kosmas der Mönch, Kanon von Pfingsten). •••

Für Irenäus von Lyon ist die Entrückung Elijas so wie jene des Henoch ein Vorgeschmack auf die Auferstehung der Gerechten, die mit ihrem Leib ins Paradies gelangen werden, denn Gott hat den Menschen die Unsterblichkeit verheißen:

> *Henoch, so hat es Gott gefallen, ist in demselben Leib, in dem er Gott gefallen hat, hinweggetragen worden, um so die zukünftige Versetzung der Gerechten aufzuzeigen. Auch Elija ist in seiner leiblichen Wesenheit, in der er sich befand, entrückt worden und hat dadurch prophetisch auf die Himmelfahrt der aus dem Geist lebenden Menschen hingewiesen. Ihr Leib hinderte sie keineswegs an dieser Versetzung und dieser Himmelfahrt: Es sind gerade diese Hände [die Hände Gottes], durch die sie ursprünglich geformt worden waren, die sie versetzten und entrückten, denn die Hände Gottes hatten sich in Adam daran gewöhnt, das von ihnen gestaltete Geschöpf zu lenken, zu halten und zu tragen, es zu versetzen und dorthin zu bringen, wohin sie wollten* (Gegen die Häresien V,5,1).

Eine spirituelle Auslegung verbindet die Entrückung Elijas mit seinem Leben in ständigem Gebet. Afrahat, der erste christliche Schriftsteller des persischen Kaiserreiches († nach 345), schreibt in seinen *Unterweisungen über die Mitglieder des Ordens*:

> *Wie er alle seine Gedanken auf den Himmel gerichtet hatte, wurde er auf einem feurigen Wagen zum Himmel entrückt und hier ist seine Wohnung für immer.*

Die Himmelfahrt des Propheten ist das Bild des spirituellen Aufstiegs, den jeder Gläubige auf dem Wagen der Tugenden machen kann.

••• *Auf diesen Tugenden bist du, wie auf einem feurigen Wagen, eifrigen Fußes aufgestiegen, nach dem Beispiel des züchtigen Elija* (Johannes Klimakos, Wort an den Hirten). •••

Die syrischen Väter unterstreichen stark den Zusammenhang zwischen Jungfräulichkeit und Entrückung. Ambrosius von Mailand führt dieses Privileg bald auf das Fasten des Propheten, bald auf seine Jungfräulichkeit, bald auf seine Nächstenliebe zurück. Für Petrus Chrysologus ist die Triade „Gebet, Fasten, Barmherzigkeit" das Mittel, mit dem Elija den Tod nicht kennt, die Erde verlässt, in den Himmel eintritt, bei den Engeln verweilt und mit Gott lebt.

Die Rückkehr Elijas

Für gewisse Väter ist die Prophezeiung Maleachis 3,22-23 in Johannes dem Täufer verwirklicht. Aber viele Schriftsteller erwarten die Rückkehr Elijas am Ende der Zeiten, gemäß der Beteuerung durch Johannes den Täufer, er sei nicht Elija. Johannes Cassian stellt diese beiden Meinungen vor:

••• *Elija ist in der Person des Johannes gekommen und er muss noch der Vorläufer bei der Wiederkunft des Herrn sein* (Cassian, Unterredungen 8,4). •••

Die Geheime Offenbarung weist keine ausdrücklichen Bezüge zu Elija auf, hingegen hat ihn die Tradition der

Väter in einem der beiden Zeugen wiedererkannt, die mit dem Tier ringen (Offb 11,3-13). Dieses schickt sie in den Tod. Ihre Leichen bleiben auf dem Platz von Jerusalem liegen bis zu ihrer Auferstehung dreieinhalb Tage später.

Die Rückkehr Elijas wird Juden und Völker versöhnen. Victorinus von Poetovio z.B. knüpft in seinem *Kommentar zur Geheimen Offenbarung* die Bekehrung der Juden an die Rückkehr Elijas und an die Prophezeiung Maleachis:

> ••• *„Ein Engel vom Osten her emporsteigend" (Offb 7,2): der Text spricht vom Propheten Elija, der vor der Zeit des Antichristen kommen soll, um die Kirchen wiederherzustellen und sie gegen die unerträgliche Verfolgung zu stärken. Das lesen wir beim Öffnen des Buches, des Alten Testamentes ebenso wie bei der Verkündung des Neuen. Denn der Herr sagt durch Maleachi: „Seht, da sende ich euch Elija aus Tischbe, um die Herzen der Väter wieder den Söhnen zuzuwenden und das Herz des Menschen seinem Nächsten", das heißt zu Christus durch die Buße. „Die Herzen der Väter den Söhnen zuwenden" fasst den zweiten Satz des Aufrufes zusammen: die Juden zum Glauben des Volkes zu bringen, das nach ihnen gekommen ist.* •••

Die Wunder des Elischa

Elischa hat um den doppelten Geist Elijas bei dessen Entrückung gebeten. Die Väter versuchen zu beweisen, dass diese Bitte erhört worden ist. Diejenigen, die die Zahlen lieben, listen die Wunder Elijas und die Elischas auf, um zu zeigen, dass diese zweimal so viel sind wie jene und dass auf diese Weise Elischa wohl den doppelten Geist Elijas erhalten hat. Zwei Arten des Zählens können ausfindig gemacht werden: Die eine, jüdischer Herkunft, gibt acht Wunder von Elija und sechzehn von Elischa an; die andere, lateinischen Ursprungs, zählt zwölf Wunder von Elija und vierundzwanzig von Elischa auf!

Das Grab des Elischa

Das Wunder, das Gottes Macht über den Gebeinen des Propheten gewirkt hat, ruft zur Verehrung seiner Reliquien auf.

••• *Die sterblichen Überreste derer, die in Gottes Nähe leben, sind also keineswegs verachtenswert; tatsächlich erweckte nach seinem Tod der Prophet Elischa einen Verstorbenen, der von syrischen Straßenräubern getötet worden war: Dieser Leichnam, mit den Gebeinen des Elischa in Berührung gebracht, erhob sich, lebendig; dies hätte sich nicht zugetragen, wenn der Körper des Elischa nicht heilig gewesen wäre* (Apostolische Konstitutionen 6,30,4). •••

Eine späte jüdische Tradition – in der Patristik sehr wohl bestätigt – ortet das Grab des Elischa in Sebaste. Mehrere Texte bezeugen diesen Wallfahrtsort:

••• *Sebaste, ehemals Samaria genannt, weist eine Kirche auf, in der die Leichname der Heiligen Johannes der Täufer, Elischa und Obadja ruhen* (Petrus Diaconus, Die heiligen Stätten V,6). •••

Elija und Elischa, Vorbilder der Märtyrer

Während der ersten Jahrhunderte des Christentums hatten die Christen unter Verfolgung zu leiden, ebenso wie Elija durch Ahab, Isebel und Ahasja und Elischa durch Joram (2 Kön 6,31). Der Bischof Cyprian von Karthago (†258) ermahnt die Christen zum Martyrium nach dem Beispiel Elijas. Afrahat sieht in Elija und Elischa den verfolgten Jesus:

> ••• *Elija ist auch verfolgt worden (…), ebenso Elischa, so wie Jesus verfolgt worden ist (…). Elija wurde verfolgt und ging in die Wüste. Elischa wurde verfolgt und wurde ein Flüchtling (…). Seit den Aposteln waren hier und da noch Leute Bekenner und wahre Märtyrer traten auf (Unterweisungen 21).* •••

Elija und Elischa, Archetypen des Mönchtums

Durch ihr Leben in Abgeschiedenheit und Gebet und ihre Loslösung von irdischen Gütern haben die Mönche in Elija und Elischa ihre Vorbilder erkannt.

Das *Leben des heiligen Antonius,* von Athanasius in den Jahren 356–357 niedergeschrieben, zeigt, dass Antonius in den Fußstapfen des Propheten Elija zu leben suchte; auch Elischa wird wiederholt erwähnt:

> ••• *[Antonius] gedachte des Ausspruches des Propheten Elija: So wahr der Herr lebt, vor dem ich heute stehe. Er wies darauf hin, dass Elija, wenn er „heute" sagte, nicht die vergangene Zeit maß, sondern, als ob er immer wieder von neuem anfinge, sich jeden Tag bemühte, sich Gott so zu zeigen, wie man vor Gott erscheinen*

soll: mit reinem Herzen und bereit, seinem Willen zu gehorchen und keinem anderen. Er sagte sich: „Der Asket muss immer vom Lebenswandel des großen Elija – wie in einem Spiegel – das Leben erlernen, das er ständig führen soll" (Leben des heiligen Antonius 7,12-13). •••

Hieronymus, Cassian, Isidor von Sevilla stellen Elija und Elischa als die Urväter des Mönchtums dar. So schreibt Hieronymus 395 an seinen Freund Paulinus:

••• *Jeder Beruf hat seine Meister. (...) Die Lehrmeister unseres Berufes aber sind Paulus, Antonius, Julianus, Hilarion, Makarius. Und wenn ich auf die Autorität der Heiligen Schrift zurückgehe, so könnte ich als unsere Stifter einen Elias und einen Elisäus, als unsere Führer die Prophetensöhne anführen, welche auf dem Lande und in der Einsamkeit wohnten und entlang den Wassern des Jordan ihre Zelte aufschlugen.* •••

Wiederholt stellt Johannes Cassian (um 360–433) Elija und Elischa als die Urheber des monastischen Lebens dar.

••• *Einige richten alle ihre Anstrengungen darauf, die Zurückgezogenheit in der Wüste und die Reinheit des Herzens einzuüben, wie es bei Elija und Elischa der Fall war und wie in unserer Zeit, wie wir wissen, der heilige Antonius und andere Anhänger derselben Askese sich Gott aufs Innigste durch die Stille in der Einöde verbunden haben* (Unterredungen 14,4). •••

••• *Der Mönch muss ständig als Streiter Christi einhergehen, mit gegürteten Lenden. Die göttliche Autorität*

> *der Heiligen Schrift bezeugt nämlich, dass jene, die – im Alten Testament – die Grundlagen für diesen Lebensstand legten, Elija und Elischa, in dieser Haltung einhergingen* (Institutionen 1,1). •••

Die Karmeliten des Mittelalters werden es keineswegs versäumen, sich auf die Autorität des Hieronymus, des Cassian und des Isidor zu stützen, um Elija und Elischa als ihre Väter darzustellen.

In der Typologie der Väter legen Elijas und Elischas Tugenden einen mönchischen Lebensstil nahe:

> ••• *Auf der Hauptstraße der Anhänger Elijas wird (Elischa) in Reinheit gehen, ohne Güter, in einem Leben in Keuschheit und Armut.*
> *Er hatte nichts, aber er besaß alles von dem, der der Meister von allem ist* (Jakobus von Sarug, Diskurs über Elischa und die Schunemiterin 11-12). •••

Erwähnen wir jedoch zwei andere Texte, die später von Karmeliten (Thomas von Jesus und Ludwig von der heiligen Teresa) im XVI. bis XVII. Jahrhundert hervorgehoben werden und eine apostolische Tätigkeit der Propheten unterstreichen. Athanasius ermahnt in seinem *Brief an Dracontius* diesen, sein Bischofsamt anzunehmen, indem er sich auf das Beispiel Elijas und Elischas bezieht. Theodoret von Cyrus berichtet in seiner *Geschichte des syrischen Mönchtums*, wie Ammianus den Eusebius dazu bringt, das Amt des Oberen anzunehmen:

> ••• *Der Herr befahl dem großen Elija, der ebenso dieser Lebensweise anhing, sich wieder den Gottlosen zuzuwenden. Den zweiten Elija, den denkwürdigen*

Johannes, der sich der Wüste verschrieben hatte, sandte er an die Ufer des Jordan mit dem Auftrag, dort zu taufen und zu predigen. Also – weil ja auch du Gott, den Schöpfer und Erlöser, so brennend liebst – hilf ihm, dass noch viele andere ihn ebenso lieben (4,4). •••

Was Elija und Elischa so charakterisiert, ist die Liebe zur Zurückgezogenheit und zur Einsamkeit. Elija ist der Meister, Elischa der Schüler. In ihrer Beziehung wird die Wichtigkeit der spirituellen Vaterschaft deutlich.

Elija und Elischa, Prototypen Christi

Die Väter betrachten die Lebenszyklen Elijas und Elischas aus der Sicht des Mysteriums des göttlichen Planes. Die beiden Propheten werden also als Abbildungen Christi dargestellt, den Hieronymus als den „wahren Elija" (Briefe 78) oder den „wahren Elischa" (Briefe 108; 120) bezeichnet. Die Ereignisse ihres Lebens werden als Ankündigungen jener der Erlösung angesehen.

So wird die Episode von dem neuen Gefäß, das Salz enthält und von Elischa in das Wasser des Jordan geworfen wird, um es gesund zu machen, von mehreren lateinischen Kirchenvätern (Gregor von Elvira, Chromatius von Aquileia, Maximus von Turin, Caesarius von Arles, Isidor von Sevilla) ausführlich entwickelt und gemäß einer typologischen Exegese gedeutet:

> ••• *Elischa, so wie ich ihn oft vorgestellt habe, war das Abbild des Herrn und Erlösers. (…) Das Menschengeschlecht verharrte vor dem Kommen des wahren Elischa, das heißt des Herrn und Erlösers, infolge der*

Sünde des ersten Menschen in der Unfruchtbarkeit und Bitterkeit. In diesem neuen Gefäß, in das man Salz geschüttet hat, kann, wiewohl es auch das Abbild der Apostel war, dennoch das Geheimnis der Menschwerdung des Herrn gesehen werden (Caesarius von Arles, Predigt 126). •••

Auch das ist ein Bild für die Taufe, so wie auch andere Episoden der Zyklen Elijas und Elischas: das Wasser der Witwe von Sarepta, die dreimalige Beatmung ihres Sohnes, das Opfer auf dem Karmel, das Einsetzen des Regens, die Überquerung des Jordan vor und nach der Entrückung des Mannes aus Tischbe, die Entrückung selbst, die Vermehrung des Öls zur Befreiung der Söhne der Witwe, die Heilung Naamans durch das Bad im Jordan, das Beil, das aus dem Wasser auftauchte. Die Taufinterpretation dieser letzten Episode erscheint zum ersten Mal bei Justinus und ist in der Überlieferung der Väter immer wieder zu finden:

••• *Indem er ein Stück Holz in den Fluss Jordan warf, ließ Elischa die eiserne Klinge des Beils aus dem Wasser auftauchen, mit der die Prophetenjünger gekommen waren, Bäume zum Bau eines Hauses zu fällen, in dem sie das Gesetz und die Gebote Gottes lesen und betrachten wollten* (Dialog mit Tryphon 86,6). •••

Die von Justinus gegebene genaue Beschreibung (Errichtung eines für das Studium des Gesetzes bestimmten Hauses) ist nicht biblisch, aber sehr interessant. Die Tätigkeit der Prophetenjünger ist das Herz der Regel der Karmeliten, die sich als ihre Nachfolger verstehen: *Tag und Nacht das Gesetz des Herrn betrachten.*

Kapitel 3

In der karmelitanischen Tradition

Elija und Elischa
Frontispiz des Speculum Carmelitanum des P. Daniel de la Vierge (1680)

Der Karmel im Mittelalter (XIII. bis XV. Jh.):

Der Orden des Karmel hat seinen Ursprung auf dem Berg Karmel. Hier hatten sich einige lateinische Einsiedler um eine nach Elija benannte Quelle am Ende des XII., Anfang des XIII. Jahrhunderts zusammengeschlossen; gegen 1209 baten sie den Patriarchen von Jerusalem, Albert, um eine „Lebensregel". Dieser gab ihnen einen Text, welcher die *Regel* des Karmel wurde.

Dieses erste karmelitanische Dokument erwähnt die Propheten Elija und Elischa nicht. Die Historiker und die Kommentatoren der Regel fragen sich ob dieses Schweigens und stellen verschiedene Hypothesen auf. Für die einen ist nicht ausdrücklich erwähnenswert, was ohnehin offenkundig ist. Der Berg Karmel ist ein Ort mit vielen Erinnerungen an Elija, die schon in den Ortsnamen zum Ausdruck kommen: die Quelle, die Höhle auf zwei Ebenen, die als Haus betrachtet wird, in dem Elischa wohnte, als die Schunemiterin zu ihm eilte, um die Erweckung ihres toten Sohnes zu erflehen (2 Kön 4,25), weiters die Ansiedlung einer byzantinischen Laura im VI. Jahrhundert, die als Kloster des heiligen Elischa bezeichnet wurde. Wenn die Eremiten dieses kleine Tal zum Leben gewählt haben, dann wohl, um in der Nachfolge Elijas und Elischas zu leben.

Andere meinen, dieses Schweigen sei mit dem historischen Zusammenhang verknüpft, sei es mit der antigriechischen Reaktion der Epoche oder mit der durch das Werk des Joachim von Fiore hervorgerufenen Auseinandersetzung. Dieser bringt Elija stark mit dem monastischen oder eremitischen Leben in Verbindung, welches für ihn den dritten Stand der Welt darstellt, das Zeitalter der Mönche, das sich unter dem Zeichen Elijas und Elischas entfalten wird, das Zeitalter des Geistes nach dem des Vaters

(Stand der Laien) und jenem Christi (Stand der Kleriker)[4]. Die Namen von Elija und Elischa fehlen auch im zweiten alten Dokument des Karmel, in der *Ignea Sagitta* (der Feuerpfeil), von Nikolaus dem Franzosen, dem General-Prior des Ordens, in den Jahren 1270–1271 verfasst. Dieser Text ist ein Aufruf, das ursprüngliche eremitische Leben wiederzufinden, aber seltsamerweise bezieht er sich nicht auf die beiden Propheten, die am Berg Karmel gelebt haben.

Hingegen gibt die *Histoire orientale* („Orientalische Geschichte") von Jacques de Vitry, dem Bischof von Saint-Jean-d'Acre (1216 – 1229), ein Zeugnis vom Leben der Einsiedler am Berg Karmel in der Nachfolge des Lebens von Elija:

> ••• *Heilige Männer, der Welt abgestorben … und ganz entbrannt vom Eifer für die Religion, wählten die nach ihrer Ansicht am besten geeigneten Orte zur Erfüllung ihrer Vorhaben und für ihr Leben in Frömmigkeit … (Einige) lebten nach dem Beispiel und in Nachahmung dieses heiligen und einsamen Mannes, des Propheten Elija, zurückgezogen auf dem Berg Karmel, und zwar vor allem in jenem Abschnitt des Gebirges, der die Porphyr-Stadt beherrscht, heute Haifa genannt, an der Quelle Elijas, nicht weit vom Kloster der heiligen Jungfrau Margarete, wo sie in ihren kleinen Felshöhlen wohnten und wie die Bienen des Herrn Honig mit einer ganz spirituellen Süße herstellten.* •••

Die erste Erwähnung der beiden Propheten in einem karmelitanischen Dokument befindet sich in der Präambel,

---

[4] Vgl. É. Poirot, La Règle du Carmel d'un point de vue oriental. Présence d'Élie et d'Élisée dans la Règle du Carmel? (Die Regel des Karmel aus orientalischer Sicht. Gegenwart Elijas und Elischas in der Regel des Karmel?), Kolloquium von Lisieux 2005, in Carmel Nr. 123, Toulouse, März 2007, S. 29-51.

genannt *Rubrica Prima,* der *Konstitutionen* des Kapitels von London aus dem Jahr 1281:

> ••• *Seit den Propheten Elija und Elischa, fromme Männer, die auf dem Berg Karmel lebten, haben heilige Väter sowohl des Alten als auch des Neuen Testamentes, welche wahrhaft ergriffen waren von der Einsamkeit dieses Berges, ohne jeden Zweifel dort in der Nähe der Elija-Quelle in einer Weise gelebt, die des Lobes würdig ist, in einer heiligen Bußfertigkeit, ununterbrochen fortgesetzt in einer heiligen Nachfolge. Ihre Nachfolger waren es, die Albert, der Patriarch der Kirche von Jerusalem, zur Zeit Innozenz' III. in einer einzigen Kommunität zusammenschloss, indem er ihnen eine Regel gab.* •••

In diesem Text taucht eine Vorstellung auf, die in den folgenden Jahrhunderten ohne Unterbrechung wiederholt und weiterentwickelt wird: Der Orden des Karmel geht auf die Propheten Elija und Elischa zurück und die Karmeliten sind die Nachfolger all derer, die ein monastisches Leben auf dem Berg Karmel geführt haben.

In der karmelitanischen Literatur des XIV. Jahrhunderts wird diese Bekräftigung wiederholt. Im Jahr 1337 stellt der Karmelit Jean de Cheminot Elija und Elischa als *die ersten Gründer dieses heiligen Ordens* dar. In dieser Epoche wird die Elija-Verehrung in jene der Jungfrau Maria integriert. John Baconthorpe (†1346), Provinzial von England, versucht die beiden Verehrungsformen zu vereinigen. Nach seiner Darstellung sind die Karmeliten speziell für die Verehrung der Heiligen Jungfrau Maria gegründet worden. Er erklärt, Elija habe Maria bereits vor ihrer Geburt verehrt.

Jean de Cheminot entwickelt die Idee, Elija sei der wahre Gründer des Ordens der Karmeliten, indem er sich auf die

IN DER KARMELITANISCHEN TRADITION

Texte von Hieronymus und Cassian stützt. Das Werk *Libri decem de institutione et de pecularibus gestis religiosorum Carmelitarum*, das im Orden seit 1390 im Umlauf war, ist eine Sammlung von zehn Büchern, welche Felipe Ribot, Provinzial von Katalonien, herausgab. Diese Sammlung war im XV. und XVI. Jahrhundert weit verbreitet. Das erste Buch, *Buch der ersten Mönche*, entwickelt einen schönen geistlichen Kommentar zur Episode von Kerit (1 Kön 17,2-4). Es unterscheidet ein zweifaches Ziel des prophetischen Lebens: Das eine können wir mit der Gnade Gottes erreichen: die Reinheit des Herzens, die Vollkommenheit der Liebe (das bedeutet *sich am Kerit verbergen*, in Verbindung mit *caritas*, Nächstenliebe); das andere ist ein reines Geschenk Gottes, die Erfahrung der Gegenwart und der Güte Gottes (das ist *Trinken aus dem Bach* der Freude Gottes). Die folgenden Bücher zeigen Elija, der am Berg Karmel mit Elischa und den Prophetenjüngern lebt, als ein Modell für monastisches Leben. Im dritten Buch stellt ein Kapitel die Tätigkeiten des Propheten Elija und seiner Gefährten dar:

••• *Gewiss, Elija und Elischa lebten mit den anderen Prophetenjüngern vor allem in der Wüste. Auf den Befehl des Herrn hin jedoch begaben sie sich zum Nutzen ihres Volkes manchmal in die Siedlungen und Städte, um dort Wunder zu wirken, zu den Leuten, um ihnen die Zukunft vorauszusagen, um die Laster der Menschen zu bestrafen, sie zu Gott zu bekehren, um zahlreiche Anhänger für ihre prophetische Religion zu gewinnen.* •••

Das Fest des Propheten Elischa wurde im Jahr 1399 in die Ordensliturgie eingeführt und am 14. Juni festgesetzt, dem Tag seines Festes im byzantinischen Kalender.

Der selige Johannes Soreth (†1471) war General-Prior und Reformator des Ordens. In seiner *Darlegung der Regel* greift er die weiter oben zitierte Bezeichnung Elijas durch Hieronymus auf und setzt fort:

••• *Mögen auch wir unsere Vorbilder haben, Paulus, Antonius, unser Fürst sei Elija, unser Oberhaupt Elischa, unsere Oberhäupter seien die Prophetenjünger, die auf dem Land und in der Einsamkeit blieben. Wie werden wir tatsächlich inmitten der Volksmenge unser Ordensleben verwirklichen können?* •••

Jedoch ist der Mönch in der Einsamkeit nicht untätig. Er muss Träger des Wortes Gottes sein:

••• *Ihr müsst, meine Brüder, gemäß der Regel und gemäß unserer ursprünglichen Ordnung das Wort Gottes verkünden, nach dem Beispiel unseres Vaters Elija, dessen Worte brannten wie eine Fackel. Ahmt ihn nach* (Text 15, Kap. 6). •••

Er besteht nicht auf der elijanischen Sukzession, sondern auf der Nachahmung Elijas.

••• *Wir sind die Prophetenjünger, nicht dem Fleische nach, sondern durch die Nachahmung ihrer Werke (…). Man muss den Karmeliten sagen: „Tut die Werke Elijas."* •••

Arnold Bostius (†1499), humanistischer Karmelit von Gent, vereint Elija und Maria ganz eng miteinander:

> ••• *Du bist diese Frau von Sarepta, die noch jetzt unserem Vater Elija in der Person seiner Jünger Trost und Zuflucht verschafft … Du bist diese kleine Wolke, die über dem Karmel aufsteigt, welche die Form einer Menschenhand hatte, und dieser Mann war unser Vater Elija … Du bist dieser Strauch, der ihn in seiner Niedergeschlagenheit aufgerichtet hat. Du bist der Feuerwagen, dessen alleiniger Anblick ihn bis zum Paradies emporzog … Betrachtet Elija und ihr werdet Maria sehen, denn sie hatten denselben Geist, denselben Ursprung, denselben Lehrer: den Heiligen Geist* (De Patronatu Beatissimae Virginis Mariae) (Von der Schutzherrschaft der Allerseligsten Jungfrau Maria). •••

In diesen mittelalterlichen Schriften erscheint Elija untrennbar von Elischa, da es darum ging, die These von der ununterbrochenen Aufeinanderfolge der Mönche am Berg Karmel seit Elija bis zu den Einsiedlern der von Patriarch Albert gegebenen Regel zu stützen.

Die Zeit der Reformen (XVI. und XVII. Jh.):

Der Orden des Karmel erfuhr im XVI. und XVII. Jahrhundert verschiedene Reformbewegungen. Die heilige Teresa von Avila führte mit Unterstützung des heiligen Johannes vom Kreuz im XVI. Jahrhundert in Spanien eine Reform durch. Die verschiedenen teresianischen Anspielungen auf *unseren heiligen Vater Elija* bezeugen eine vertraute Kenntnis der wichtigsten Episoden im Leben des Propheten: das Opfer auf dem Berg Karmel, die Flucht vor Isebel, die Begegnung mit Gott am Horeb, die Entrückung.

Im Buch *Wohnungen der Inneren Burg* erinnert die heilige Teresa an die Ursprünge des Ordens:

> ••• *Daher sage ich jetzt, dass wir zwar alle zum inneren Beten und zur Kontemplation berufen sind, die wir dieses heilige Gewand des Karmel tragen, (denn das war unser Anfang; von dieser Sippe stammen wir ab, von diesen unseren heiligen Vätern vom Berg Karmel, die diesen Schatz, diese kostbare Perle, von der wir hier sprechen, in so großer Einsamkeit und mit solcher Geringschätzung der Welt suchten), dass wir uns jedoch nur in geringer Zahl dafür bereit machen, damit der Herr sie uns enthüllt* (5. Wohnungen 1,2). •••

Sie rühmt auch „jenen Hunger, den unser Vater Elija nach Gottes Ehre hatte" (7. Wohnungen 4,11). In einem Gedicht *Der Weg zum Himmel* gibt sie Elija, dessen Leidenschaft sie noch einmal lobt, und Elischa als Beispiel an:

> ••• *Elija, unserm Vater, nach*
> *mit seinem Eifer, seinem Mut*
> *gegen uns selbst wir kämpfen,*
> *Schwestern vom Berg Karmel.*
>
> *Unseren Willen überwindend,*
> *den doppelten Geist wie Elischa*
> *lasst uns erstreben,*
> *Schwestern vom Berg Karmel.* •••

Der heilige Johannes vom Kreuz, der Elischa nicht erwähnt, wird vor allem von der Begegnung Elijas mit Gott am Horeb angezogen, eine Begebenheit, die vor ihm selten erläutert wurde. Von seinen sechs Texten, die sich auf Elija beziehen, stehen fünf mit dieser Episode in Zusammenhang. Er veranschaulicht die im *Aufstieg auf den Berg Karmel* gegebene Unterweisung über die Transzendenz Gottes folgendermaßen (Buch II,8,4):

> ••• *Von Elija, unserem Vater, sagt man, dass er auf dem Berg sein Antlitz in der Gegenwart Gottes verhüllte (1 Kön 19,13), was bedeutet, das Erkenntnisvermögen blind zu machen; das tat er dort, weil er sich nicht getraute, seine Wenigkeit an etwas so Hohes anzulegen, denn er sah deutlich, dass jedwedes Ding, das er betrachten und im Einzelnen erkennen würde, Gott sehr entfernt und unähnlich war.* •••

Im *Geistlichen Gesang* (Str. 13,14) erklärt Johannes vom Kreuz:

> ••• *Deshalb, weil dieses Flüstern die genannte Wesensgewahrwerdung bezeichnet, meinen manche Theologen, dass unser Vater Elija Gott in jenem Flüstern des zarten Windhauchs schaute, den er auf dem Berg am Eingang seiner Höhle spürte.* •••

Trotz der symbolischen Bedeutsamkeit, die er dem Berg Karmel beimisst, verbindet Johannes vom Kreuz ihn nicht mit dem Namen Elija.

Im Prolog der ersten *Konstitutionen* der Unbeschuhten Karmeliten der Kongregation von Italien aus dem Jahr 1605 finden wir Elija und Elischa Seite an Seite wieder:

> *All jene, welche die Sehnsucht nach dem ewigen Glück erfasst, geben sich den Werken der Liebe hin. Da die Tätigkeit der Liebe ja doppelt ist: Gottesliebe und Nächstenliebe, hat die heilige Mutter Kirche jedoch zwei Arten von Aufgaben für ihre Söhne unterschieden: einerseits sich Gott allein hingeben, andererseits dem Nächsten Gott zuliebe dienen.*
>
> *In unserem Orden wurde dieses doppelte Gut wunderbar verbunden, indem diese Reihenfolge (was den Vorrang betrifft) bewahrt wurde: Der Hauptanteil („potior pars") wird die verborgene Einheit sein, die die Seele durch die Liebe und die Kontemplation an Gott bindet, der zweite Anteil („posterior pars") wird dem Nächsten geweiht sein.*
>
> *Diese Lebensart, von der einen und der anderen Liebe brennend, haben unsere Väter Elija und Elischa eingeführt, nicht schriftlich, sondern durch ihre Taten, und sie haben sie als eine Observanz an ihre geistigen Erben überliefert. So wie es in der Heiligen Schrift aufscheint, so verhielten sie sich am Karmel und an anderen einsamen Orten: Hier erleuchtete sie Gott in einer erhabenen Kontemplation und von Zeit zu Zeit sandte er sie, um zum Heil des Nächsten zu wirken.*

Wir sehen hier Elija und Elischa nicht nur als Vorbilder kontemplativen Lebens vorgestellt, sondern als Vorbilder des „Lebens in Mischform", d.h. eines Lebens, in dem Kontemplation und Aktion vereint sind. Die Kontemplation kommt zuerst, die apostolische Aktion als Zweites, wie eine Fortsetzung der Kontemplation.

Eine große Gestalt des teresianischen Karmel, P. Thomas von Jesus (1564–1627), der zugleich Gründer der „Heiligen Wüsten" (Eremitenklöster der Karmeliten) und Urheber der karmelitanischen Missionen war, schreibt in seinem *Kommentar zur Regel des Karmel*:

> ••• *Der Eifer für die Seelen wird uns vor allem durch den Urheber unseres Institutes und durch unsere Vorfahren empfohlen. Sie haben uns ein Leben gelehrt, das sich der Betrachtung der göttlichen Dinge und dem Heil des Nächsten hingibt. So haben es Elija und Elischa, nicht schriftlich, sondern durch ihre Taten eingeführt und gelehrt … Kein Leser der biblischen Geschichte kann leugnen, dass sie, die sich der Kontemplation hingaben, gerufen wurden, die Orte zu verlassen, wo sie im Gebet weilten, um Könige zu salben, das Volk zu unterweisen, Wunder zu wirken und den Gottlosen ihre Laster vorzuhalten.* •••

Im XVII. Jahrhundert erleben die Beschuhten Karmeliten eine geistliche Erneuerung durch die Reform von Touraine, die P. Philippe Thibault im Jahr 1604 einführt. Die Seele dieser Reform ist der blinde Laienbruder Jean de Saint-Samson (†1636). Dieser lobt in höchsten Tönen die *Vorzüglichkeit des wahren Geistes des Karmel, welcher der unseres heiligen Vaters Elija ist,* und er notiert in seiner *Bemerkung zur Regel der Karmeliten*:

> ••• *Wir müssen diese Häuser in aller Reinheit des Geistes und des Leibes bewohnen, in einer lebendigen und ununterbrochenen Gegenwart Gottes, mehr daraus lebend, als unsere Körper von ihrer Seele leben. Darin besteht die Tiefe des Geistes unseres Ordens …, wenn wir das treu praktizieren, indem wir lautere Mittel verwenden, um ihn zu erreichen und mit der Gnade*

> *Gottes zu bewahren, dann werden wir unzweifelhaft zu allen Gütern und geistlichen Reichtümern unseres heiligen Vaters Elija gelangen ... Wenn wir in wahrhaft reumütigem und liebendem Geist und im selben Gefühl und derselben Aufrichtigkeit wie unser heiliger Vater Elija diese seine Worte sagen könnten: „Es lebt Gott, in dessen Gegenwart ich bin!"* (Kapitel 1) •••

Die elijanische Sukzession, die sich im Laufe des XIV. und XV. Jahrhunderts ausprägte, wurde 1596 durch einen Paragraphen der *Kirchlichen Annalen* des Kardinal Baronius in Frage gestellt, ein erster Versuch einer kritischen Studie des christlichen Altertums. Dieser verwirft die Legende, der zufolge Cyrill von Alexandrien und Johannes von Jerusalem Mönche vom Berg Karmel gewesen wären. 1668 entzündet die Erscheinung von drei Bänden der *Acta sanctorum* durch die Nachfolger des P. Bolland wieder die Debatte. P. Papebroch gibt eine Interpretation von der elijanischen Sukzession, die auf der Vorbildlichkeit basiert; diese wird durch die Karmeliten, denen es gelingt, das Werk von Papebroch zu diskreditieren, verworfen; 1695 verurteilt die spanische Inquisition vierzehn Bände der *Acta sanctorum*. Der Streit dauert bis 1696, bis zum Zeitpunkt, als Papst Innozenz XII. den Bollandisten und den Karmeliten untersagt, gegeneinander zu schreiben. Ein Breve von 1698 sanktioniert dieses Dekret mit der Strafe der Exkommunikation.

Zur gegenwärtigen Epoche (XIX. und XX. Jh.):

Die heilige Thérèse von Lisieux erwähnt den Propheten Elija nur fünfmal (davon einmal rein durch die Situation bedingt). Zweimal bezieht sie sich auf die Begegnung mit Gott am Horeb, in direktem Zusammenhang mit Johannes vom Kreuz. Man kann allerdings eine große geistliche Verwandtschaft zwischen Elija und Thérèse feststellen: eine ebensolche Leidenschaft für das Reich Gottes, eine ebensolche Erfahrung der menschlichen Schwachheit, vereint mit einem großen Gottvertrauen[5].

Die selige Elisabeth von der Dreifaltigkeit (1880–1906), Karmelitin von Dijon, lebt innig aus den zwei Grundsätzen des Karmel. Sie schreibt an einen Karmeliten-Novizen:

••• *„Ich brenne vor Eifer für den Herrn, den Gott der Heere", dies war das Leitmotiv aller unserer Heiligen; es machte aus unserer heiligen Mutter ein Opfer der Hingabe (…). In der Gegenwart Gottes zu leben, ist das nicht ein Erbe, das Elija den Kindern des Karmel hinterlassen hat, er, der in der Begeisterung seines Glaubens ausrief: „Er lebt, der Herr Gott, in dessen Gegenwart ich bin." Wenn Sie wollen, werden unsere Seelen den Raum zwischen uns überbrücken und sich zusammenfinden, um gemeinsam dieses große Leitmotiv unseres Vaters zu singen; wir werden ihn an seinem Gedenktag um dieses Geschenk des stillen Gebetes bitten, welches das Wesen des Lebens im Karmel ist, dieses Herz an Herz, das niemals aufhört, denn wenn man liebt, gehört man nicht mehr sich selbst, sondern dem, den man liebt, und man lebt mehr in ihm als in sich selbst* (Brief 299). •••

Leidenschaftlich ruft Elisabeth mehrere Male den Eifer Elijas ins Gedächtnis:

---

[5] Vgl.: Jean de la Sainte-Face, „Élie le prophète et Thérèse de Lisieux", in Mikhtav, Nr. 19, 1997, S. 8-23; wiederholt in Carmel, 1997/3, S. 51-67.

••• *Lieben bedeutet apostolisch sein,*
Voll Eifer sein für die Ehre des lebendigen Gottes,
Das ist wahrhaft das alte Erbe,
Das uns der große Seher hinterließ (Gedicht 94). •••

••• *„Braut sein", Karmelbraut, das heißt ein brennendes Herz haben wie Elija, ein durchbohrtes Herz wie Teresa, seine „wahre Braut", weil sie für seine Ehre glüht* (Persönliche Aufzeichnungen 13). •••

Für Edith Stein (1891–1942), die im Karmel von Köln Teresia Benedicta vom Kreuz genannt und 1998 heilig gesprochen wurde, ist der Prophet Elija wahrhaft der Führer und Vater des Karmel und sein Leben Vorbild für das karmelitanische Leben. Sie schreibt im Artikel: *Über Geschichte und Geist des Karmel*[6]:

••• *Wir, die wir im Karmel leben und unseren heiligen Vater Elias in unseren täglichen Gebeten anrufen, wissen, dass er für uns keine schattenhafte Gestalt aus grauer Vorzeit ist. Sein Geist ist durch eine lebendige Überlieferung unter uns wirksam und bestimmt unser Leben. (…) In dem ersten Wort, das uns die Heilige Schrift von unserem heiligen Vater Elias berichtet, ist in aller Kürze das Wesentlichste unseres Lebens ausgesprochen. Er sagt zum götzendienerischen König Ahab: „So wahr der Herr, der Gott Israels, lebt, vor dessen Angesicht ich stehe, es soll diese Jahre weder Tau noch Regen fallen, außer auf mein Wort hin." Vor dem Angesicht des lebendigen Gottes stehen – das ist unser Beruf. Der heilige Prophet hat ihn uns vorgelebt.* •••

---

[6] Geistliche Texte I, ESGA 19, Herder 2009, S. 128-131.

Teresia Benedicta zeigt dann, wie Elija – vor Gottes Angesicht stehend – in der Armut, der Keuschheit und im Gehorsam lebt:

> ••• *Er stand vor Gottes Angesicht, weil dies der unendliche Schatz war, um dessentwillen er alle irdischen Güter preisgab (…). Elias steht vor Gottes Angesicht, weil dem Herrn seine ganze Liebe gehört. (…) Der Prophet, der in vollkommener Herzensreinheit und Entblößung von allem Irdischen dem Herrn dient, ist auch ein Muster des Gehorsams. Er steht vor Gottes Angesicht wie die Engel vor dem ewigen Thron, seines Winkes gewärtig, stets zum Dienst bereit. Er hat keinen anderen Willen als den seines Herrn.* •••

Ihre Betrachtung des biblischen Propheten nährt sich aus den jüdischen Wurzeln ihrer Kindheit. Elija ist demnach ein Pilger, er ist der, der kommen wird, um die Seinen vor dem zweiten Kommen Christi zu sammeln[7]. Einer jüdischen Thematik folgend, wie sie in der orientalischen Spiritualität wiederzufinden ist, stellt Edith eine sehr reiche Anthropologie dar, welche die Liebe Gottes zum Menschen und die Größe des Gerechten besingt. Es handelt sich um eine gegenseitige Treue, in Freiheit und Heiligkeit.

> ••• *Wer Gott so unbedingt die Treue wahrt, der kann aber auch der göttlichen Treue gewiss sein. Er darf sprechen wie „einer, der Macht hat", darf den Himmel schließen und öffnen, den Wogen gebieten, dass sie ihn trocken hindurchschreiten lassen, Feuer vom Himmel*

---

[7] Nächtliche Zwiesprache, ESGA 20, Herder 2007, S. 241 und 243.

herabrufen, um sein Opfer zu verzehren, das Strafgericht an den Feinden Gottes vollziehen und einem Toten neues Leben einhauchen. Mit allen Gnadengaben, die der Heiland den Seinen verheißen hat, sehen wir seinen Vorläufer ausgerüstet. Und die höchste Krone ist ihm noch vorbehalten: Vor den Augen seines treuen Schülers Elisäus ward er in einem feurigen Wagen entrückt an einen geheimen Ort, fern aller Stätten der Menschen. Nach dem Zeugnis der Geheimen Offenbarung wird er wiederkehren, wenn das Ende der Welt naht, um im Kampf gegen den Antichrist für seinen Herrn den Märtyrertod zu erleiden. •••

Der selige Titus Brandsma (1881–1942), ein großer niederländischer Karmelit, der in Dachau gestorben ist, hält aus dem Buch *De institutione primorum monachorum (Buch der ersten Mönche)* fest, dass *die Art, mit der der Heilige Geist das Leben Elijas geführt hat, und die Verheißungen, die er ihm gegeben hat, die Basis für das Leben der Eremiten des Karmel bilden müssen*. Er hält nicht fest an der Eigenschaft Elijas als Ordensgründer, wie dies im „Buch der ersten Mönche" der Fall ist; Elija ist für ihn ein Vorbild:

••• *Der doppelte Anteil des Geistes von Elija ging auf Elischa über und von Elischa auf die Schule der Propheten; und so blieb das Leben Elijas von Zeitalter zu Zeitalter erhalten, durch alle diese Eremiten, die nicht aufhörten, ihre Inspiration bei diesem großen Vorbild zu schöpfen* (Geistlicher Weg des Karmel, S. 20). •••

Pater Titus legt dar, was er unter dem doppelten Anteil vom Geist Elijas versteht. Erstens handelt es sich um den doppelten Anteil vom Erbe des Vaters, den Anteil des Erstgeborenen, der bevorzugten Kinder. Also müssen ihm die Karmeliten bestmöglich folgen. Den zweiten Sinn sieht er in der Verschmelzung von aktivem und kontemplativem Leben, wie es Elija vorgelebt hat. Die dritte Bedeutung ist für ihn jene der Verbindung der Wege der Reinigung, der Erleuchtung und der Vereinigung. Er fasst zusammen:

••• *Unser Orden muss von diesem doppelten Anteil des Geistes strahlen: ein Leben der Übung der Tugendhaftigkeit in den persönlichen oder gemeinschaftlichen Aktivitäten, das sich gründet auf ein Leben des Gebetes und der kontinuierlichen Meditationspraxis; das Ganze soll durch eine aktive Kontemplation oder ein Gebet in Einfachheit gekrönt sein und durch diese andere unsagbare spirituelle Erhöhung, welche die mystische und wirkliche Erfahrung Gottes schon in diesem Leben ist* (ib. S. 24-25). •••

P. Marie-Eugène vom Kinde Jesus (1894–1967), Unbeschuhter Karmelit, dessen Kanonisierungs-Prozess 1985 eröffnet wurde, hat eine Zusammenschau der karmelitanischen Spiritualität in seinem Werk *Ich will Gott schauen* hinterlassen.

Um die Notwendigkeit der Stille in der Suche nach Gott zu unterstreichen, hat er sich des Beispiels Elijas am Horeb bedient:

••• *Ich weiß nicht, ob die Hagiografie von einer reineren Erfahrung der Stille und von einem unbedingteren Verlangen danach berichtet, als uns in der Horeb-Vision des Propheten Elija angedeutet wird. (…) Der Herr, den er ersehnt und erwartet, ist nicht im Sturm und nicht im Erdbeben, auch nicht im Feuer, obgleich es ein treffendes Sinnbild für den Herrn der Heerscharen und für das Charisma des Propheten ist. Denn Elija erhob sich wie eine Flamme und sein Wort brannte wie eine Fackel. Da tritt ein sanftes, leises Säuseln ein. Der oft so raue und sich heftig gebärdende Prophet besitzt eine edle, feinfühlige Seele, einen starken, geläuterten Glauben: Er verhüllt sein Gesicht mit dem Mantel, um sich zu sammeln. Elija hat nicht vergebens gewartet. Gott geht vorüber und offenbart sich ihm so erhaben und rein, wie er es ersehnt hatte* (Ich will Gott schauen, S. 451). •••

Er hat selbst erlebt und in seiner Unterweisung unterstrichen, wie wichtig es ist, *sich dem Wirken des Heiligen Geistes zu überlassen*. Diese Sichtweise beherrscht sein Bild des biblischen Prophetentums und des Lebens des Propheten Elija im Besonderen.

••• *Die heilige Schrift zeigt uns Elija aus Tischbe, der sich plötzlich „wie Feuer" erhebt und seine prophetische Laufbahn beginnt. Diese Berufung bedeutet ein regelrechtes Ergriffenwerden von Gott, der den Propheten von seinem Milieu und seiner Familie trennt und in die Wüste treibt. Der Prophet, im wahrsten Sinn des Wortes „Mann Gottes" geworden, lebt von nun an am Rand der Gesellschaft, von ihr losgelöst durch seine Gnadengabe und seine Gottzugehörigkeit. Ohne feste Bleibe, geht er, wohin ihn der Geist drängt, bleibt, wo er ihn festhält, irrt wiederholt durch Palästina, lebt meistens in der Einsamkeit* (ib. 486f). •••

P. Marie-Eugène zeigt, wie das Wirken Gottes aus dem Propheten „ein folgsames Instrument seines Willens" macht:

••• *Was tut er? Er wartet auf Gottes Anordnungen, horcht auf sein Wort, lebt darum immer in seiner Gegenwart: „Vivit Dominus in cujus conspectu sto! Es lebt der Herr, der Gott Israels, vor dessen Angesicht ich stehe!" ruft Elija, der größte der Tatpropheten. (…) Eine Anordnung Gottes genügt, und schon macht sich der Prophet auf, um gefahrvolle Aufträge auszuführen, dem König eine Strafankündigung zu überbringen, das Volk auf dem Karmel zu versammeln, die Baalspriester zu töten oder Elischa den Prophetenmantel umzulegen* (ib. 487f). •••

P. Marie-Eugène zieht aus dem Leben des Propheten Elija eine „praktische Lehre" zum Thema „harmonische Einheit von Kontemplation und Aktion":

••• *Diese Harmonie beruht nicht auf einer weisen Dosierung von äußeren Tätigkeiten und geistlichen Übungen, auch nicht auf einem klug erdachten Gleichgewicht, das beidem gerecht werden möchte: sowohl dem Bedürfnis nach inniger Gemeinschaft mit Gott als auch den Ansprüchen des Apostolats. Gleichgewicht und Synthese werden im Leben des Propheten von Gott verwirklicht, der ihn ergriffen hat und der ihn bewegt. Der Prophet ist immerzu auf der Suche nach Gott und überlässt sich ständig dessen innerem oder äußerem Antrieb. Er überlässt sich und dies ist seine ganze Beschäftigung. Er stellt es Gott anheim, ob er ihn in der Einsamkeit zurückbehalten oder ihn irgendwohin senden will. Seine Hingabe wird ihn bald in die verborgenste Liebesgemeinschaft mit seinem Gott hineinziehen, bald in die gewagtesten äußeren Unternehmungen werfen; sobald aber seine Aufträge erfüllt sind, wird sie ihn zu Gott zurückführen, der in der Wüste wohnt.* Vivit Dominus in cujus conspectu sto! *Die Harmonie zwischen Kontemplation und Aktion wird von der göttlichen Weisheit selbst verwirklicht, dank ihrer Herrschaft über den Propheten und dank seiner Treue* (ib. 489). •••

Abschließend sei bemerkt, dass es der Heilige Geist selbst ist, der Kontemplation und Aktion im Leben dessen reguliert, der sich seinem Wirken überlässt.

So sind im Karmel Elija und Elischa untrennbar, ganz wie in der Bibel und in der patristischen Tradition. Sie werden als die Inspiratoren des Karmel-Ordens verehrt, der auf dem Berg entstand, wo sie selbst gelebt haben. Ihre Rollen sind jedoch verschieden: Elija ist der Meister, Elischa der Schüler. Sie nehmen einen wesentlichen Platz ein, mit komplementären Akzenten. Während die Episode von Elija am Bach Kerit im Zentrum der patristischen Darstellung des Propheten Elija steht – vor allem durch die griechischen und syrischen Väter, so wie auch im *Buch der ersten Mönche* –, wird sie von der heiligen Teresa von Avila nicht einmal erwähnt – und auch nicht vom heiligen Johannes vom Kreuz, der heiligen Thérèse von Lisieux oder der seligen Elisabeth von der Dreifaltigkeit. Für diese Letzteren ist es die Episode am Horeb, die ihre eigene spirituelle Erfahrung zum Ausdruck bringt. Teresia Benedicta denkt vor allem über das „Vor-Gott-Stehen" nach.

IN DER KARMELITANISCHEN TRADITION

Durch ihr Leben in der Gegenwart des lebendigen Gottes werden Elija und Elischa als die Vorbilder des Lebens in Zurückgezogenheit verstanden, aber auch des aktiven Lebens, so wie es das Wappen des Karmel bezeugt, das den Ausspruch Elijas trägt: „Ich brenne vor Eifer für Gott, den Herrn der Heerscharen." Sie übertragen dem Karmel diese bemerkenswerte Ausgeglichenheit des Lebens: Dasein vor Gott und Eifer für seine Ehre, zwei Dimensionen, die in Wirklichkeit nur eine schaffen: *Du sollst den Herrn, deinen Gott, lieben mit ganzem Herzen, mit deiner ganzen Seele und mit all deinen Gedanken: Das ist das wichtigste und erste Gebot. Ebenso wichtig ist das zweite: Du sollst deinen Nächsten lieben wie dich selbst. An diesen beiden Geboten hängt das ganze Gesetz samt den Propheten* (Mt 22,37-39).

Man kann anmerken, dass es die Bücher der Könige sind, die die Aufmerksamkeit des Karmel-Ordens auf sich gezogen haben, und nicht die Verheißung des Maleachi. Halten wir jedoch fest, dass für das Fest des Propheten Elija die liturgische Farbe Rot vorgeschrieben ist, als Zeichen des Martyriums, das er bei seiner Wiederkunft erleiden wird (vgl. Offb 11,7).

Der Karmel betrachtet ihn einsam am Bach Kerit oder in seiner Begegnung mit Gott am Horeb. Sein Eifer inspiriert Karmeliten und Karmelitinnen zu einer apostolischen Kontemplation. Die heilige Thérèse vom Kinde Jesus, Patronin der Missionen, ist eine Tochter Elijas.

Elija wacht im Karmel über seinen prophetischen Geist. In Erwartung der Wiederkunft Christi, welcher jene Elijas vorangeht, hält er das eschatologische Gewissen im Herzen der Kirche lebendig. Im Geist Elijas legt das kontemplative karmelitanische Leben, genährt von Glaube, Hoffnung und Liebe, Zeugnis ab von dem, der kommt. Es ist ausgerichtet auf die Ewigkeit, auf das himmlische Hochzeitsmahl.

ELIJA UND ELISCHA

Kapitel 4
Aktualität der Propheten Elija und Elischa

Nach der Entrückung Elijas …
Zeichnung von Éric de Saussure, Bruder von Taizé

Im Karmel

Der Geist Elijas ist *eine lebendige Wirklichkeit, dieser Geist, der auf Elischa übergeht und von dem Jesus verkündet, dass er in Johannes dem Täufer weiterlebt, geistliches Erbe, das die karmelitanische Tradition erbittet und das zu bewahren und weiterzugeben sie sich verpflichtet*[8]. Von Elija leitet sich das prophetische Charisma des Karmel ab: in der Gegenwart des lebendigen Gottes Israels leben, von Eifer für seine Ehre brennen. Elija und Elischa haben der karmelitanischen Tradition einen Geist des inneren Gebetes und des Eifers für das Leben der Welt hinterlassen. Die beiden Zweige des Karmel, der Orden der Beschuhten Karmeliten und jener der Unbeschuhten Karmeliten, sind Erben des Geistes Elijas, der auf Elischa ruhte. Sie haben den gemeinsamen Auftrag, ihn der Welt von heute weiterzugeben.

Im ökumenischen Dialog

Alle Christen verehren die Propheten des Alten Testamentes. So kann die Botschaft von Elija und Elischa ein Element des ökumenischen Dialoges sein. Wir erwähnen die Existenz einer unter der Schutzherrschaft Elijas stehenden Bruderschaft, „Saint-Élie", einer ökumenischen Gruppe, die ausgehend vom Karmel „Saint-Élie" (Saint-Rémy-Les-Montbard) im Jahr 1991 entstanden ist; sie versammelt Christen verschiedener Konfessionen, Anglikaner, Armenier, Katholiken, Orthodoxe, Protestanten, vereint im Gebet Elijas:

---

[8] P. Marie-Eugène vom Kinde Jesus, in Thérèse de l'Enfant-Jésus, Docteur de l'Amour, herausg. vom Karmel, 1990, S. 322.

ELIJA UND ELISCHA

Du lebst, Herr, Gott Israels, vor dem ich stehe. Sie engagieren sich im Wirken für die Einheit der Christen durch das Gebet, in der Liebe und Wahrheit des Evangeliums, und versuchen, ihre jüdischen Wurzeln besser kennenzulernen, das Band, das Juden und Christen spirituell verbindet.

Im interreligiösen Dialog

Eine der großen Herausforderungen des 21. Jahrhunderts im Zusammenhang mit der Vermischung der Kulturen und der Religionen ist jene des interreligiösen Dialoges. Die Gestalt Elijas, der im Judentum, im Christentum und im Islam präsent ist, kann ein fruchtbarer Gegenstand in der Begegnung der monotheistischen Religionen sein, um einander wechselseitig zu helfen, seine Botschaft besser zu verstehen.

Im Judentum

Keine biblische Persönlichkeit ist in der Tradition Israels populärer als der Prophet Elija. Seine Entrückung hat seinem irdischen Wirken kein Ende gesetzt. Er ist im Leben des Volkes Israel immer gegenwärtig. Er offenbart sich fortwährend den Weisen und den Kleinen. Er wird an fünf Momenten im jüdischen Gebet angerufen. Jeden Sabbat-Abend wird er in einem liturgischen Lied besungen, das seine vergangenen und zukünftigen Handlungen in messianischen Zeiten beschreibt und dessen Refrain lautet:

••• *Elija, der Prophet, Elija aus Tischbe, Elija von Gilead, möge er bald zu uns kommen mit dem Messias, dem Sohn Davids.* •••

In der Danksagung nach dem Mahl wird in einer Segnung Gott gebeten, den Propheten zu schicken, um uns gute Nachrichten, Zeichen des Heils und Tröstungen zu verkünden. Beim Paschamahl ist es üblich, den „Becher des Propheten Elija", der während der ganzen Zeremonie auf dem Tisch bleibt, zu füllen. Bei der Beschneidung wird das Kind auf den Thron Elijas gesetzt. Der Prophet wird auch in Zeiten der Trockenheit um Regen angerufen.

Im Islam
Der Koran enthält zwei ausdrückliche Bezüge auf Elija und Elischa. In der Sure 37,123-132, aus der zweiten Periode Mekkas[9], wird Elija in einer Serie dargestellt, die auf Erbauung abzielt:

••• *Elija zählte auch zu den Gesandten, als er zu seinem Volk sagte: Habt ihr denn gar keine Ehrfurcht? Ihr ruft Baal an und gebt den besten der Schöpfer auf, Gott, euren Herrn und den Herrn eurer Vorfahren? Sie behandelten ihn als Lügner. Aber nun sind sie verdammt, ausgenommen die aufrichtigen Diener Gottes. Wir haben ihn in der Folge der Generationen wachgehalten. Friede über Elija. Auf diese Weise belohnen wir jene, die das Gute tun. Er gehört zur Zahl unserer gläubigen Diener.* •••

In der Sure 6,85-86 (dritte Periode) wird er ebenso wie Elischa in einer Liste von Propheten erwähnt:

••• *Sacharja, Johannes, Jesus, Elija, alle waren sie gerecht.*

---

[9] Nach der Chronologie von Nöldeke.

Ismael, Elischa, Jonas und Lot, wir haben sie über alle Menschen erhoben. •••

Elischa wird auch noch ein zweites Mal genannt, in der Sure 38,48 (zweite Periode).

Die islamische Tradition hat Elija gleichgesetzt mit dem Diener Gottes, dem Meister von Moses, von dem in der Sure 18,60-82, genannt Khadir, die Rede ist. Sie schöpft aus dem Werk eines Muslims des VIII. Jahrhunderts, eines großen Lesers der Bibel und der apokryphen jüdischen und christlichen Literatur, mit Namen Wahb b. Munabbih. Sein Werk besteht in dem Maß weiter, wie es durch jene, die es fortsetzen, zitiert worden ist. So wird im Kommentar zur Sure 37 durch Tabari (839–923) die Episode von der Trockenheit aufgerollt. Die Witwe, bei der Elija Zuflucht findet, ist die Mutter des Elischa:

••• *Elija betete für ihren Sohn, der von der Krankheit, an der er litt, geheilt wurde. Elischa folgte Elija, er glaubte an ihn und wurde sein Begleiter und ging mit ihm überall hin, wohin er ging.* •••

Wie in der jüdischen Literatur, so wimmelt es auch in der islamischen von Berichten über Erscheinungen Elijas bei Mystikern und Asketen.

Im Christentum

Die Ostkirchen haben in ihrer Liturgie den Propheten Elija und Elischa einen besonderen Platz bewahrt[10]. Die

---

[10] Vgl. É. Poirot, Le glorieux prophète Élie dans la liturgie byzantine, Bellefontaine, SO 82, 2004 ; Pour chanter le saint prophète Élisée dans la tradition byzantine, SO 84, 2005.

große Zahl der dem heiligen Elija geweihten Kultorte zeugen von seiner Popularität in den orthodoxen Kirchen: Griechenland zählt davon beinahe 200, Libanon 262, Rumänien mehr als 100. Die lateinische Kirche feiert die Heiligen des Alten Testaments nicht, aber ihr liturgischer Plan der Bibellesungen enthält jene aus dem Buch der Könige mit einem großen Abschnitt aus dem Zyklus des Elija und einigen Passagen aus dem des Elischa.

In der zeitgenössischen Kultur quer durch die Kunst

Der Prophet Elija hört nicht auf, Schriftsteller, Künstler und Musiker zu inspirieren.

Aus der zeitgenössischen Literatur seien einige große Schriftsteller genannt.

„Von Stolz erfüllt durch seinen Namen"[11] zeigt Elias Canetti, ein sephardischer Jude, 1981 mit dem Nobelpreis für Literatur ausgezeichnet, den Einfluss seines Vornamens Elias auf den Vater seines marokkanischen Führers[12] auf. Den „Sinn und das Gewicht seines Namens" mit seinen Handlungen in Übereinstimmung zu bringen ist ein durchgehendes Konzept im Werk Canettis.

Jean Grosjean, dessen Werk mit dem Gedankengut und der Welt der Bibel unlösbar verbunden ist, hat Elija eine Erzählung voll Poesie gewidmet (1982). Ebenso der Dichter Pierre Emmanuel, in *Tu (Du)* (1978), oder der jüdische Dichter

---

[11] E. Canetti, Die Provinz des Menschen, Aufzeichnungen 1942-1972, München 1992, S. 74.
[12] Ders., Die Stimmen von Marrakesch, Frankfurt/M., 1993, S. 85.

Emmanuel Eydoux mit *Le prophète Élie* (*Der Prophet Elija*) in *Poèmes liturgiques* (*Liturgische Gedichte*) (1982).

In *Élie ou la conversion de Dieu* (*Elija oder die Bekehrung Gottes)* (2003) stellt Claude-Henri Rocquet, Dichter, Dramaturg, Kritiker und Kunsthistoriker, existenzielle Fragen ausgehend von der erhabenen Gestalt Elijas, der ihn seit unzähligen Jahren „belagert". Elija und Elischa sind auch in mehreren seiner anderen Werke gegenwärtig: *Hérode* (1992; 2006), *Jessica* (1994), *Jonas* (2005).

In *Der Fünfte Berg* (1998) zeigt der Brasilianer Paolo Coelho – sich auf den Zyklus des Elija stützend – den Sinn, den jeder mit Beharrlichkeit seinem Leben geben soll.

Die Ikonographie Elijas hat zahlreiche Künstler durch alle Jahrhunderte hindurch inspiriert. Er ist dargestellt in den Fresken der Synagoge von Dura-Europos und in jenen der römischen Katakomben (III. und IV. Jh.), in den Skulpturen der Sarkophage von Rom, Mailand oder Arles, auf den Mosaiken von Ravenna oder des Sinai (VI. Jh.), in Miniaturen der Handschriften, byzantinischen Ikonen, Gemälden, Glasfenstern …

Im XX. Jh. stellt Marc Chagall den Propheten in den Glasfenstern einer Kirche von Mainz und einer anderen von Zürich dar, und in verschiedenen Radierungen; sein Mosaik im Nationalmuseum in Nizza bildet die Entrückung Elijas ab.

Im Jahr 2000 wird ein Zyklus von acht Szenen aus seinem Leben in den Fresken der Kirche eines rumänischen Karmel gemalt[13].

---

[13] Au skite de Stânceni, L'église de la Transfiguration du Christ, Hrsg. Karmel Saint-Élie, 2005.

Die Ikonographie des Elischa ist oft verbunden mit der Elijas in den Darstellungen von der Entrückung; ist er jedoch allein gemalt, dann in der Eigenschaft als Prophet, in Medaillons oder Friesen von Propheten, in Kalendern vom Balkan und von Rumänien, im Stammbaum Jesse.

Elija hat nicht wenige Komponisten zu Oratorien inspiriert (Cazzati, Reutter, Caldara, Mendelssohn, Frisina …), aber auch zu Gospels (zum Beispiel *Elijah Rock*, wohl bekannt durch die Interpretation von Mahalia Jackson oder jene von John Littleton).

Die Exegese der Väter hat uns gelehrt, die Zyklen von Elija und Elischa in einer mystischen Sicht der Geschichte des Heils zu lesen. In den ersten Jahrhunderten wurden die beiden Propheten als Vorbilder der Märtyrer betrachtet, dann als Urbilder der Mönche.

Zu Recht erhält die karmelitanische Tradition ihre Inspiration von Elija und Elischa. Aber diese sind nicht lediglich Bewohner des Berges Karmel, sie sind Gottesmänner, immer für ihn verfügbar; so findet ihr Geist auch außerhalb des Karmel einen tiefen Widerhall, in jedem Menschen, der wahrhaft nach Gott sucht.

Elija und Elischa – biblische Propheten, Propheten für heute. Ihre Macht über die Elemente, ihre Vertrautheit mit Gott, in dessen Gegenwart sie leben und für den sie vor Eifer brennen, haben die Menschen ihrer Zeit ebenso gefesselt wie jene von heute. Die eschatologische Rolle Elijas als Versöhner ist eine inständige Einladung, sich ebenso um die Einheit der Christen zu bemühen wie um den Frieden unter allen.

ELIJA UND ELISCHA

Die Entrückung Elijas (XIII. Jh.)

Empfehlungen zur weiteren Lektüre

Das Buch der Mönche, eingeführt von Camillus Lapauw, Schriftenreihe zur Meditation, München, 1980

Der Karmel im Heiligen Land, Wien, 1995

Albertz, Rainer, *Elia. Ein feuriger Kämpfer für Gott,* Leipzig, 2006

Buber, Martin, Wiesel, Elie, Elias, Elija. *Ein Mysterienspiel. – Elias oder eine Ahnung der Unsterblichkeit,* Darmstadt, ²1995

Coelho, Paulo, *Der Fünfte Berg,* Zürich, 1998

Grialou, Maria-Eugen, *Ich will Gott schauen. Weg des Getauften mit den Meistern des Karmel,* Fribourg/Schweiz, 1993

Kachler, Roland, *Wege aus der Wüste. Mit Elia Krisen durchleben,* Stuttgart, 1993

Nützel, Johannes M., *Menschen vor Gott,* Schriftenreihe zur Meditation, München, 1982

Pellegrini, Silvia, Elija. *Wegbereiter des Gottessohnes,* Freiburg im Breisgau, 2000

Plattig, Michael, *Elija als „Gründer" der Karmeliten,* in: Weismayer, Josef, *Mönchsväter und Ordensgründer Männer und Frauen in der Nachfolge Jesu,* Würzburg, 1991

Schaller, Hans, *Iss, sonst wird der Weg zu weit,* Mainz, 2003

Schwarz, Andrea, *Mehr leben! Eine Auszeit mit dem Propheten Elija,* Freiburg im Breisgau, 2011

Speyr, Adrienne von, *Elija,* Einsiedeln, 1972

Wiesel, Elie, *Von Gott gepackt. Prophetische Gestalten,* Freiburg im Breisgau, ²1986

Der Karmel im Heiligen Land

Ein großer Bildband mit über 200 Seiten über den Ursprung des Karmelitenordens auf dem Berg Karmel mit einer Darlegung der Geschichte und des geistigen Hintergrunds der karmelitanischen Spiritualität.

Silvano Giordano, DER KARMEL IM HEILIGEN LAND von seinen Anfängen bis in unsere Tage. Bildband, Wien 1995, 222 S. EUR 30,50 SFR 55,–

Sie können diese und weitere Veröffentlichungen über karmelitanische Themen und Heilige bei unserem Verlag beziehen:
Verlag Christliche Innerlichkeit
Silbergasse 35, 1190 Wien
Tel. +43 1 320 33 40 10
E-Mail: ci@karmel.at
Internetseite: www.ci-verlag.at

> Weitere Informationen über die Gemeinschaften der Karmelitinnen und Karmeliten in Österreich sowie über den Karmel selbst finden Sie unter:
>
> www.karmel.at